Theorien des Liberalismus zur Einführung

Christine Bratu/Moritz Dittmeyer

Theorien des Liberalismus zur Einführung

JUNIUS

Junius Verlag GmbH
Stresemannstraße 375
22761 Hamburg
www.junius-verlag.de

Umschlaggestaltung: Florian Zietz
Titelbild: Eugène Delacroix,
Die Freiheit führt das Volk (1830)
Satz: Junius Verlag GmbH
Printed in the EU 2017
ISBN 978-3-88506-797-9

Bibliografische Information der Deutschen Nationalbibliothek
Die Deutsche Nationalbibliothek verzeichnet diese Publikation in der Deutschen Nationalbibliografie; detaillierte bibliografische Daten sind im Internet über http://dnb.d-nb.de abrufbar.

Zur Einführung ...

... hat diese Taschenbuchreihe seit ihrer Gründung 1977 gedient. Zunächst als sozialistische Initiative gestartet, die philosophisches Wissen allgemein zugänglich machen und so den Marsch durch die Institutionen theoretisch ausrüsten sollte, wurden die Bände in den achtziger Jahren zu einem verlässlichen Leitfaden durch das Labyrinth der neuen Unübersichtlichkeit. Mit der Kombination von Wissensvermittlung und kritischer Analyse haben die Junius-Bände stilbildend gewirkt.

Seit den neunziger Jahren reformierten sich Teile der Geisteswissenschaften als Kulturwissenschaften und brachten neue Fächer und Schwerpunkte wie Medienwissenschaften, Wissenschaftsgeschichte oder Bildwissenschaften hervor. Auch im Verhältnis zu den Naturwissenschaften sahen sich die traditionellen Kernfächer der Geisteswissenschaften neuen Herausforderungen ausgesetzt. Diesen Veränderungen trug eine Neuausrichtung der Junius-Reihe Rechnung, die seit 2003 von der verstorbenen Cornelia Vismann und zwei der Unterzeichnenden (M.H. und D.T.) verantwortet wurde.

Ein Jahrzehnt später erweisen sich die Kulturwissenschaften eher als notwendige Erweiterung denn als Neubegründung der Geisteswissenschaften. In den Fokus sind neue, nicht zuletzt politik- und sozialwissenschaftliche Fragen gerückt, die sich produktiv mit den geistes- und kulturwissenschaftlichen Problemstellungen vermengt haben. So scheint eine erneute Inventur der Reihe sinnvoll, deren Aufgabe unverändert darin besteht, kompetent und anschaulich zu vermitteln, was kritisches Denken und Forschen jenseits naturwissenschaftlicher Zugänge heute zu leisten vermag.

Zur Einführung ist für Leute geschrieben, denen daran gelegen ist, sich über bekannte und manchmal weniger bekannte Autor(inn)en und Themen zu orientieren. Sie wollen klassische Fragen in neuem Licht und neue Forschungsfelder in gültiger Form dargestellt sehen.

Zur Einführung ist von Leuten geschrieben, die nicht nur einen souveränen Überblick geben, sondern ihren eigenen Standpunkt markieren. Vermittlung heißt nicht Verwässerung, Repräsentativität nicht Vollständigkeit. Die Autorinnen und Autoren der Reihe haben eine eigene Perspektive auf ihren Gegenstand, und ihre Handschrift ist in den einzelnen Bänden deutlich erkennbar.

Zur Einführung ist in der Hinsicht traditionell, dass es den Stärken des gedruckten Buchs – die Darstellung baut auf Übersichtlichkeit, Sorgfalt und reflexive Distanz, das Medium auf Handhabbarkeit und Haltbarkeit – auch in Zeiten liquider Netzpublikationen vertraut.

Zur Einführung bleibt seinem ursprünglichen Konzept treu, indem es die Zirkulation von Ideen, Erkenntnissen und Wissen befördert.

Michael Hagner
Ina Kerner
Dieter Thomä

Inhalt

1. Einleitung: Lost in Rawlsland?

Warum sollte man im Jahre 2017 eigentlich noch eine Einführung in den Liberalismus schreiben (oder lesen)? Zwei Überlegungen, warum diese intellektuelle Unternehmung sinnlos sein könnte, drängen sich auf: Zum einen stellt sich die Frage, ob heutzutage noch irgendjemandem genauer erklärt werden muss, was der Liberalismus eigentlich ist. Seit dem Ende des Ost-West-Konflikts in den 1990er Jahren breitet er sich als vorherrschendes Paradigma politischer Ordnung immer weiter aus – so sehr, dass gar nicht mehr klar ist, wer eigentlich sein theoretischer Gegenspieler sein könnte. Sogar Politiker*innen, die ihren Autokratismus nur wenig verschleiern (wie etwa Donald Trump, Wladimir Putin oder Recep Tayyip Erdoğan), kleiden ihre unfreiheitlichen Doktrinen mitunter in freiheitliche Rhetorik. Doch wenn sogar politisch und sozial Konservative den Eindruck haben, sich im liberalen Gewand zeigen zu müssen, ist der Liberalismus dann nicht bereits so sehr im gesellschaftlichen Mainstream angekommen, dass er keiner weiteren Darstellung bedarf? Sind wir nicht alle schon – zumindest der Theorie nach – Bürger*innen in »Rawlsland«[1] (für diese Wendung vgl. Mills 2014)?

Zum anderen stellt sich die Frage, ob wir den Liberalismus am Anfang des 21. Jahrhunderts überhaupt noch als politisches Paradigma akzeptieren sollten. Objektiv betrachtet hat diese politische Philosophie, die immer mit dem Anspruch aufgetreten war, Menschen zu befreien und ihre Lebenssituation zu verbessern, eine sehr durchwachsene Erfolgsbilanz vorzuweisen. Während sich die liberale Idee, dass alle Menschen gleichermaßen ein Recht auf Freiheit haben, immer weiter über den Globus ausbreitete, fanden zugleich auch deutlich weniger erhabene Überzeugungen und damit einhergehende soziale Praktiken Zustimmung. Denn in den Augen vieler Liberaler war der Liberalismus über lange Zeit mit Kolonialismus, Rassismus und Sexismus vereinbar (vgl. Mills 2017 sowie Losurdo 2006). Oft wird behauptet, es sei nur ein unglücklicher Nebeneffekt der historischen Großwetterlage, dass liberale Vordenker wie John Locke vom transatlantischen Sklavenhandel profitiert (vgl. Losurdo 2006: Kapitel 1) oder sich wie Immanuel Kant in anstößigster Weise über Frauen und Menschen nicht-europäischer Abstammung geäußert haben (vgl. Mikkola 2011). Aber wie plausibel ist diese Entschuldigung, wenn sich doch gleichzeitig nicht leugnen lässt, dass es Anhänger*innen der liberalen Tradition über Jahrhunderte hinweg verpasst haben, rassistische und sexistische Diskriminierungen und damit einhergehende Unterdrückung explizit zu problematisieren (vgl. Mills 2009)? Ähnlich kritisch kann man auch das Verhältnis von Liberalismus und sozioökonomischer Ungleichheit und Ausbeutung betrachten. Denn während der Liberalismus behauptet, alle Menschen seien in ihrer Freiheit zu respektieren, hat er scheinbar kein Problem mit Wirtschaftspraktiken, die einen immer größer werdenden Teil der Menschheit in prekäre (wenn nicht sogar hoffnungslose) ökonomische Verhältnisse bringen – und das, obwohl das globale Wohlfahrtsniveau insgesamt stetig ansteigt. Kurz gesagt: Warum sollten wir uns (und unseren geneigten Leser*innen) die Mühe machen, eine Tradition der politischen Philosophie zu erläutern, mit der die meisten bereits hinlänglich bekannt sind und die zudem (zumindest teilweise) fürchterliche Folgen hatte?

Auf die erste Frage, ob der Liberalismus nicht eine bereits hinlänglich bekannte Theorie darstelle, lässt sich folgendermaßen antworten: Selbst wenn es wirklich der Fall wäre, dass wir alle bereits hinlänglich mit dem Liberalismus als politischer Philosophie vertraut sind, sollten wir dennoch nicht damit aufhören, uns kritisch mit seinen Ideen auseinanderzusetzen. So behauptet John Stuart Mill – der selbst als Vordenker einer wichtigen Strömung im zeitgenössischen Liberalismus gelten kann (vgl. Kapitel 3.2) –, dass man jede Theorie »so richtig sie auch sein mag, nur für totes Dogma und nicht als lebendige Wahrheit ansehen kann, wenn sie nicht vollständig, oft und furchtlos zur Debatte gestellt wird« (Mill 1859: 49). Damit will Mill auf das Faktum hinweisen, dass wir uns Argumente, die wir bereits zu kennen und zu verstehen glauben, nur dann in einem umfassenden Sinne aneignen, wenn wir sie immer wieder hinterfragen. Denn nur so kennen wir nicht nur ihre Konklusionen, sondern sehen auch ein, von welchen Prämissen sie ausgehen, ob ihre Schlussfolgerungen tatsächlich Gültigkeit beanspruchen dürfen und mit welchen Gründen man sie verteidigen kann. Vor allem aber ist fraglich, ob es überhaupt möglich ist, hinlänglich genug mit dem Liberalismus bekannt zu sein. Dies wird einerseits durch die lange und vielfältige Tradition des Liberalismus erschwert. Zwar gibt es Streit darüber, ob schon Thomas Hobbes als Liberaler gelten kann (vgl. Ottmann 2006: Kapitel 4.3.6), aber spätestens seit John Lockes *Zweiter Abhandlung über die Regierung*, also seit 1689, gibt es im europäischen Raum liberales Gedankengut. Von Locke führt dann ein (mehr oder weniger straff gespannter) roter Faden liberaler Tradition weiter zu deontologischen Denkern wie etwa Kant im Zeitalter der Aufklärung und John Rawls in den USA des 20. Jahrhunderts, zu republikanisch gesinnten Autoren wie Jean-Jacques Rousseau am Vorabend der Französischen Revolution und Philip Pettit als zeitgenössischem Vertreter des Republikanismus, dem bereits erwähnten Mitbegründer des Utilitarismus Mill im 19. Jahrhundert und den perfektionistischen Liberalen der Gegenwart wie etwa Joseph Raz – um nur diejenigen Protagonisten zu erwähnen, deren Überlegungen wir uns auch im vorliegenden Band widmen. Andererseits ist der Liberalismus noch keinesfalls »zu Ende gedacht«. Zu vielen liberalen Kernbegriffen (wie etwa »Freiheit«, vgl. Kapitel 2.1, und »Neutralität«, vgl. Kapitel 4.2) gibt es nach wie vor philosophischen Streit, so dass gar nicht klar ist, was uns mit Blick auf diese Konzepte bereits »hinlänglich bekannt« sein könnte.

Mit Blick auf die zweite Frage, ob der Liberalismus als Theorie mit mitunter fürchterlichen Folgen heutzutage noch attraktiv sei, möchten wir dagegen Folgendes erwidern: Gerade weil man sich immer wieder kritisch mit dem Liberalismus auseinandersetzen sollte, darf man dessen dunkle Seiten – d.h. die exkludierenden Tendenzen des Denkens einiger seiner vermeintlichen Lichtgestalten ebenso wie sein durchwachsenes historisches Erbe – keinesfalls unter den Teppich kehren. Dem werden wir in Kapitel 5 Rechnung tragen, wenn wir die Kritiker*innen des Liberalismus ausführlich zu Wort kommen lassen. Dennoch scheint es uns legitim, zwischen den genuinen Inhalten einer philosophischen Tradition und den historischen Personen, die sie vorgebracht haben, zu unterscheiden – ebenso wie zwischen besagten Inhalten und der Anwendung, die sie historisch erfahren haben. So wie man die Plausibilität des Sozialismus nicht daran bemessen sollte, wie seine Ideen in den Ländern des sogenannten Ostblocks umgesetzt wurden (vgl. Cohen 2009: 82), sollte man auch den Liberalismus nicht schon deswegen verdammen, weil in Staaten, die sich als liberal bezeichnen, bestimmte soziale Gruppen nach wie vor strukturell diskriminiert werden. Mit dem vorliegenden Band hoffen wir zu zeigen, dass der Liberalismus eine plausible Theorie für unser wechselseitiges Miteinander ist – auch wenn seine Vordenker zum Teil höchst problematische Figuren waren und seine praktische Umsetzung oft nicht radikal genug bzw. schlicht nicht liberal (vgl. Mills 2012 und 2017 sowie Nussbaum 1997) war und ist.

Dabei werden wir unseren Überlegungen folgendes Verständnis von Liberalismus zugrunde legen: *Allgemein gesprochen ist der Liberalismus als Ansatz in der politischen Philosophie eine Theorie staatlicher Legitimität.* D.h., der Liberalismus bestimmt, welche Handlungen ein Staat vollziehen darf bzw. wie dessen Institutionen beschaffen sein müssen, damit er insgesamt als legitim angesehen werden kann. Als Testkriterium oder Prüfstein staatlicher Legitimität legt der Liberalismus dabei das Recht auf Freiheit fest. *Genauer gefasst besagt der Liberalismus, dass ein Staat in seinen Handlungen bzw. durch seine Institutionen das Recht auf Freiheit seiner Bürger*innen respektieren muss, damit er als legitim angesehen werden kann.* In den Kapiteln 2, 3 und 4 werden wir dieses allgemeine Verständnis des Liberalismus genauer ausbuchstabieren, doch schon an dieser Stelle wollen wir ein paar grundlegende Klärungen vorausschicken:

1. *Dass ein Staat das Recht auf Freiheit seiner Bürger*innen respektiert, ist für den Liberalismus notwendige, aber nicht unbedingt auch hinreichende Bedingung für staatliche Legitimität.* Es ist durchaus vorstellbar, dass liberale Autor*innen vom Staat mehr fordern, als nur der Freiheit der Bürger*innen angemessen Rechnung zu tragen. Der bereits erwähnte Rawls fordert etwa (wie wir in 3.1 näher darstellen werden), ein legitimer Staat müsse nicht nur die Freiheit seiner Bürger*innen respektieren, sondern auch sicherstellen, dass materielle Ungleichheit insbesondere den sozioökonomisch am schlechtesten Gestellten zugutekommt. Nochmals anders gewendet: Es ist durchaus mit dem Liberalismus vereinbar, wenn Autor*innen

anspruchsvolle Anforderungskataloge aufstellen, denen ein Staat entsprechen muss, um als legitim angesehen werden zu können. Damit auch solche anspruchsvollen Theorien als liberal gelten können, muss ihr Anforderungskatalog lediglich dem Respekt vor dem Recht auf Freiheit der Bürger*innen den Vorrang gegenüber den weiteren Anforderungen einräumen. Dass das Recht auf Freiheit der ausschlaggebende Prüfstein für die Legitimität eines Staates ist, wollen wir als die *normative Grundannahme des Liberalismus* bezeichnen.

2. Zwar ist das Recht auf Freiheit der Bürger*innen für den Liberalismus der ausschlaggebende Prüfstein für staatliche Legitimität, doch dies impliziert nicht, dass der Liberalismus davon ausgeht, die Bürger*innen bräuchten für ein gelungenes Leben nichts weiter als Freiheit. Angesichts der komplexen Bedürfnisnatur menschlicher Wesen wäre diese These sehr naiv, doch glücklicherweise legt seine normative Grundannahme den Liberalismus nicht auf diese These fest. *Vielmehr kann der Liberalismus zugestehen, dass Menschen verletzliche Lebewesen sind, die einander (und zudem noch viele weitere Ressourcen) für ein gelungenes Leben brauchen.* Seine normative Grundannahme schreibt lediglich fest, dass der Staat nichts tun darf – auch nicht die für ein gelungenes Leben notwendigen Ressourcen bereitstellen –, wodurch er die Freiheit seiner Bürger*innen in unzulässiger Weise einschränkt.

3. Mit der Forderung, dass der Staat das Recht auf Freiheit seiner Bürger*innen respektieren muss, um als legitim angesehen werden zu können, *will der Liberalismus der normativen Relevanz jeder einzelnen Bürger*in Rechnung tragen.* Zwar haben verschiedene liberale Ansätze unterschiedliche Begründungen dafür, warum den Bürger*innen das Recht auf Freiheit zukommt (oder auch nicht, wie wir in Kapitel 3.2 diskutieren werden). Aber dadurch, dass sie die Legitimität staatlichen

Handelns an die Beachtung dieses Rechts knüpfen, bringen alle liberale Theorien zum Ausdruck, dass jede einzelne Bürger*in wichtig ist und vom Staat in allem, was er tut, berücksichtigt werden muss. 2. und 3. kann man auch folgendermaßen zusammenfassen: Wie 3. zeigt, ist der Liberalismus in normativer Hinsicht individualistisch, weil jeder Bürger*in Rechnung getragen werden soll. Doch wie 2. zeigt, ist der Liberalismus nicht auf deskriptiven Individualismus und also auf die Annahme festgelegt, Menschen bräuchten einander nicht.

4. Und schließlich noch ein terminologischer Punkt: Viele der liberalen Theorien, die wir in diesem Band behandeln, bezeichnen sich selbst als Theorien der Gerechtigkeit. Paradigmatisch können wir hier wieder auf Rawls verweisen, der seinen liberalen Staatsentwurf selbst *Eine Theorie der Gerechtigkeit* nannte (vgl. Rawls 1971). Wenn man unter »Gerechtigkeit« ganz allgemein das Set von Regeln versteht, das ein Staat befolgen muss, um moralisch gerechtfertigt zu sein, sind »Gerechtigkeit« und »Legitimität« so, wie wir diesen Begriff hier verwenden werden, synonym. Allerdings hat sich in den letzten Jahren im philosophischen Diskurs ein engeres Verständnis von Gerechtigkeit eingebürgert, wonach mit »Gerechtigkeit« ein Set von Regeln zur Verteilung materieller Güter gemeint ist, das ein Staat befolgen muss, um mit Blick auf eben diese Verteilungsfrage moralisch gerechtfertigt zu sein (für dieses Verständnis von Gerechtigkeit vgl. etwa Honneth 2010: 53). Um deutlich zu machen, dass die moralische Rechtfertigung eines Staates für den Liberalismus nicht vorrangig von der richtigen Verteilung materieller Güter abhängt (auch wenn diese – siehe Punkt 1 in dieser Auflistung – durchaus eine Rolle spielen kann), haben wir uns dafür entschieden, im Folgenden mit dem Begriff »Legitimität« weiterzuarbeiten.

Nachdem mit dieser kurzen Auflistung deutlich geworden sein sollte, welches allgemeine Verständnis von Liberalismus der Darstellung in diesem Band zugrunde liegt und was dieses impliziert (und was nicht), wollen wir nun auch deutlich machen, was wir in diesem Band nicht leisten werden: Zum einen legen wir keine detaillierten autor*innenbezogenen Referate einzelner liberaler Theorien vor. Stattdessen entwickeln wir ein analytisches Raster, mit dessen Hilfe sich liberale Theorien kategorisieren lassen. D.h., in diesem Band gibt es keine Unterkapitel, die dezidiert einzelnen klassischen Autor*innen gewidmet sind, vielmehr werden deren Ansätze als Beispiele für Kategorien innerhalb unseres analytischen Rasters erörtert. Dieses Vorgehen erscheint uns sinnvoll, weil es bereits viele autor*innenbezogene Einführungswerke gibt (vgl. Euchner 2011 und Kersting 2015). Unser Ziel ist daher, eine Übersicht zu bieten, die dabei hilft, die Vielfalt liberaler Ansätze – soweit dies bei einer so langen und vielfältigen philosophischen Tradition möglich ist – zu systematisieren. Zum anderen werden wir den Liberalismus als Theorie staatlicher Legitimität diskutieren und nicht als normative Theorie wirtschaftlicher Praxis. Uns geht es also darum zusammenzutragen, was der Staat liberalen Theorien zufolge seinen Bürger*innen schuldet, und nicht darum, wie liberalen Theorien zufolge (ökonomische) Märkte verfasst sein sollten. Mit dieser Weichenstellung wollen wir keinesfalls ausblenden, dass es liberale Ansätze gibt, die Aussagen dazu treffen, wie Märkte verfasst sein sollten. Im europäischen Raum wird der Begriff »Liberalismus« sogar eher mit Fragen des Marktes – und zwar insbesondere mit der Auffassung, dass Märkte nicht durch den Staat reguliert werden sollten – als mit Fragen der politischen Legitimität verbunden (vgl. Biebricher 2012: 10). Doch so, wie wir den Liberalismus hier einführen, gibt es zwischen ihm und bestimmten wirtschaftspolitischen Forderungen keine notwendige Verbindung: Daraus, dass der Staat das Recht auf Freiheit seiner Bürger*innen respektieren muss, folgt noch nicht, dass wirtschaftliches Handeln nicht vom Staat reguliert werden darf. Damit dies folgt, muss man dem Recht auf Freiheit eine bestimmte Lesart von Freiheit zugrunde legen (nämlich entweder ein negatives Möglichkeitskonzept von Freiheit, das wir in 2.1 diskutieren und für den Liberalismus verwerfen) oder eine bestimmte Annahme dazu, was vor den Bürger*innen gerechtfertigt werden kann (wie es – im Gegensatz zum Liberalismus – der Libertarismus behauptet, vgl. 5.3). Tatsächlich ist es, wie wir in der Auflistung unter 1 bereits deutlich gemacht haben, für den Liberalismus sogar möglich, neben der Beachtung des Rechts auf Freiheit auch die Beförderung sozioökonomischer Gleichheit als Kriterium für staatliche Legitimität festzuschreiben (vorausgesetzt, dass Ersteres Vorrang vor Zweitem hat). Weil also die Verbindung zwischen dem Liberalismus als politischer Philosophie und der Forderung nach deregulierten Märkten nicht notwendig ist, werden wir auf Theorien, die Letztere vertreten, in diesem Band nicht weiter eingehen (vgl. hierzu Biebricher 2012).

Nach diesem ersten Überblick dazu, warum wir es für sinnvoll halten, sich weiterhin mit dem Liberalismus als politischer Philosophie zu beschäftigen, wie wir diesen im Weiteren verstehen und welche Fragen wir absichtlich unbehandelt lassen werden, wollen wir nun abschließend unser Vorgehen in diesem Band skizzieren. In Kapitel 2 beginnen wir damit, die normative Grundannahme des Liberalismus näher auszubuchstabieren. Denn wenn der Liberalismus diejenige politische Philosophie ist, die behauptet, dass der Staat (zumindest) das Recht auf Freiheit seiner Bürger*innen respektieren muss, um als legitim angesehen werden zu können, ist es essenziell zu wissen, wie wir das Recht auf Freiheit eigentlich zu verstehen haben. Dafür betrachten wir die einzelnen Bestandteile der liberalen Grundannahme, d.h. was in diesem Kontext mit »Freiheit« (2.1) und was mit »Recht« (2.2) gemeint ist. Während Letzteres wenig umstritten ist, gehen die Positionen zur ersten Frage von unterschiedlichen und sich zum Teil ausschließenden Intuitionen aus. Insbesondere diskutieren wir, ob man Freiheit in einem negativen oder einem positiven Sinne verstehen sollte, ob es sich bei Freiheit um ein Möglichkeits- oder ein Ausübungskonzept handelt und wie der republikanische Freiheitsbegriff einzuordnen ist. Weil unterschiedliche Autor*innen eben unterschiedliche Intuitionen dazu haben, wann wir behaupten sollten, eine Person A sei frei zu einer Handlung x, lässt sich aber der Streit um die richtige Auffassung von Freiheit nicht durch einen bloßen Abgleich von Intuitionen lösen. Stattdessen ist es sinnvoll, die praktischen Folgen der jeweiligen Freiheitsbegriffe abzuwägen, um zu klären, welche Konzeption von Freiheit am geeignetsten ist. D.h., wir werden darlegen, wie ein liberaler Staat, dessen Legitimität vom Respekt vor dem Recht auf Freiheit der Bürger*innen abhängt, aussehen würde, je nachdem, welche Auffassung von Freiheit man dem Recht auf Freiheit zugrunde legt. Hierbei zeigt sich, dass der Liberalismus am besten damit fährt, Freiheit im Sinne eines positiven Möglichkeitskonzepts zu verstehen.

In Kapitel 3 untersuchen wir dann, welche konkreten Formen eine liberale Theorie bzw. ein liberaler Staat annehmen kann, wenn er das Recht auf Freiheit seiner Bürger*innen im Sinne eines positiven Möglichkeitskonzepts ausbuchstabiert. Denn das Recht auf Freiheit ist zu abstrakt, um daraus ohne weitere Explikation konkrete politische Maßnahmen ableiten zu können. Liberale Autor*innen haben auf diese Herausforderung mit zwei unterschiedlichen Strategien reagiert, die wir in Kapitel 3.1 darstellen: Entweder haben sie Vorschläge dazu gemacht, in welche konkreten Forderungen das Recht auf Freiheit münden sollte (diese Strategie bezeichnen wir als Rechteliberalismus). Oder sie haben festgelegt, dass der Staat das Recht auf Freiheit der Bürger*innen wahrt, indem er nur solche Gesetze beschließt, die vor den Bürger*innen rechtfertigbar sind (dies ist die Strategie des sogenannten Rechtfertigungsliberalismus). Im Zuge unserer Diskussion von Rechte- bzw. Rechtfertigungsliberalismus werden wir zudem die Asymmetriethese einführen, die für viele zeitgenössische Liberale wichtig ist. Dieser These zufolge kann man trennscharf zwischen Theorien des richtigen wechselseitigen Miteinanders und solchen Konzeptionen unterscheiden, die darüber hinaus Aussagen zum richtigen Selbstverhältnis machen, d.h. darüber, was für die jeweilige Person selbst ein gutes Lebens ausmacht. Eine zweite Herausforderung für den Liberalismus ist die Frage, wie sich seine normative Grundannahme begründen lässt. Denn was spricht eigentlich dafür, dass den Bürger*innen das Recht auf Freiheit zukommt und dass sich ein legitimer Staat an diesem messen lassen muss? Mit Blick auf diese zweite Herausforderung haben liberale Autor*innen wieder mit zwei unterschiedlichen Strategien reagiert: Entweder sie behaupten, man könne das Recht auf Freiheit der Bürger*innen unter Rückgriff auf bestimmte Theorien zum richtigen Selbstverhältnis begründen. Autor*innen, die diese Strategie wählen, sind unter Umständen aus Gründen der Konsistenz dazu gezwungen zuzugestehen, dass ein liberaler Staat Maßnahmen ergreifen darf, seine Bürger*innen dabei zu unterstützen, dieses Selbstverhältnis auszubilden. Weil diese Strategie also unter Umständen mit sich bringt, dass ein liberaler Staat Maßnahmen zur Beförderung eines bestimmten Selbstverhältnisses ergreifen darf, werden solche Ansätze als perfektionistischer Liberalismus bezeichnet. Falls sie diese Implikation vermeiden wollen, können liberale Autor*innen stattdessen behaupten, dass das Recht auf Freiheit keiner weiteren Begründung bedarf – entweder weil es selbstevident ist oder weil es von allen Bürger*innen bereits akzeptiert wird. Ansätze, die hoffen, dass das Recht auf Freiheit in diesem Sinne unumstritten ist, werden im Anschluss an Rawls als politischer Liberalismus bezeichnet.

In Kapitel 3 etablieren wir bestimmte Formen des Liberalismus als Unterkategorien, in welche man gängige liberale Theorien einordnen kann. Diese Kategorisierung soll es den Leser*innen erleichtern, konkrete liberale Ansätze zu verstehen und zu bewerten. In Kapitel 4 wollen wir darüber hinaus in einige wichtige Kennzeichen des Liberalismus einführen. Genauer gesagt diskutieren wir hier Toleranz (4.1), Neutralität (4.2) und Privatheit (4.3). Dies sind Kennzeichen, die man häufig mit dem Liberalismus verbindet – aber wie genau müssen wir uns diese Verbindung vorstellen? In jedem dieser Unterkapitel nehmen wir zuerst eine Begriffsklärung vor und diskutieren dann, inwiefern der Liberalismus auf diese Kennzeichen festgelegt ist. Dabei wird sich zeigen, dass in einem liberalen Staat sowohl der Staat gegenüber seinen Bürger*innen als auch diese untereinander Toleranz üben müssen, weil den Bürger*innen das Recht auf Freiheit zukommt. Neutralität ist dagegen eine Eigenschaft, die staatlichem Handeln zukommt, weil ein liberaler Staat – da er das Recht auf Freiheit seiner Bürger*innen respektieren muss – bei der Begründung seiner Handlungen nicht auf umstrittene Theorien zum richtigen Selbstverhältnis zurückgreifen darf. Und ebenso resultiert die – dezisionale, informationelle und lokale – Privatheit der Bürger*innen daraus, dass der Staat in seinem Handeln ihr Recht auf Freiheit nicht übertreten darf.

Die Kapitel 2 bis 4 sind nicht nur eine Beschreibung des Liberalismus; vielmehr hoffen wir, diesen so plausibel darzustellen, dass sie gleichzeitig als Argumente für den Liberalismus dienen können. Doch wie wir am Anfang dieser Einleitung deutlich gemacht haben, gibt es Aspekte des Liberalismus, die durchaus kritikwürdig sind. Einige Varianten der Kritik am Liberalismus, welche der philosophische Diskurs über die letzten Jahrzehnte hinweg vorgebracht hat, stellen wir in Kapitel 5 vor. Genauer gesagt wollen wir Autor*innen zu Wort kommen lassen, die behaupten, dass der Liberalismus politisch irrelevante Fragen aufwirft (5.1), dass er von falschen anthropologischen Annahmen ausgeht (5.2), dass er ein falsches Verständnis von Rechtfertigung voraussetzt (5.3) und dass schließlich seine normative Grundannahme falsch ist (5.4). In jedem dieser Unterkapitel halten wir auch fest, wie der Liberalismus auf diese Einwände antworten könnte – wobei vorweggeschickt sei, dass er nicht auf alle diese Einwände eine plausible Antwort hat.

Wie jede philosophische Theorie steht also auch der Liberalismus vor noch unbewältigten Herausforderungen. Dies machen die Einsprüche der Kritiker*innen aus Kapitel 5 deutlich, aber auch das Faktum, dass nach wie vor unklar ist, ob und wie sich der Liberalismus von einer Theorie staatlicher Legitimität in eine Theorie überführen lässt, die auch zu transnationalen Fragen etwas zu sagen hat. Auf dieses Problem wollen wir im letzten Kapitel dieses Bandes eingehen. Hier diskutieren wir, ob der Liberalismus durch seine normative Grundannahme darauf festgelegt ist, seinen Bürger*innen bzw. allen Personen ein Recht auf globale Bewegungsfreiheit einzuräumen. Wir stellen dar, was für diese These spricht (6.1) und wie man diese kritisieren könnte, wenn man innerhalb des liberalen Argumentationsrahmens verbleiben will (6.2) bzw. sofern man bereit ist, diesen zu verlassen (6.3).

Für die aufmerksame Durchsicht des Manuskripts und ihre vielen hilfreichen Anmerkungen dazu danken wir ganz herzlich Elsa Rimmerle. Ebenso danken wir dem LMU Mentoring-Programm für die großzügige finanzielle Unterstützung. Schließlich sei auch Steffen Herrmann für sein umfassendes Lektorat und die Betreuung dieses Bandes gedankt.

2. Die normative Grundannahme des Liberalismus: Das Recht auf Freiheit

In Kapitel 1 haben wir deutlich gemacht, dass der Liberalismus als politische Philosophie eine Theorie zur Grenze staatlicher Legitimität ist. Zudem haben wir angedeutet, wo diese Grenze dem Liberalismus zufolge verläuft, nämlich entlang des Rechts auf Freiheit der Bürger*innen. In diesem Kapitel wollen wir nun das Recht auf Freiheit – die normative Grundannahme des Liberalismus – im Detail beleuchten. Genauer gesagt wollen wir diskutieren, was wir unter Freiheit verstehen sollten, d.h. *welche Bedingungen erfüllt sein müssen, damit wir von einer Person oder einer Menge von Personen (wie etwa einer Bürgerschaft) behaupten können, sie sei frei* (Kapitel 2.1). Dabei wird sich zeigen, dass Freiheit ein Konzept ist, über dessen Inhalt sich sinnvoll streiten lässt und in der Philosophiegeschichte auch viel gestritten wurde. Im Anschluss daran werden wir erörtern, was es bedeutet, wenn den Bürger*innen vom Liberalismus ein Recht auf Freiheit zugesprochen wird und inwiefern sich die daraus resultierenden unterschiedlichen Formen eines liberalen Staates – jeweils in Abhängigkeit von dem ihnen zugrunde liegenden Verständnis von Freiheit – unterscheiden (Kapitel 2.2).

2.1 Verschiedene Freiheitsbegriffe

Bevor wir mit unserer Diskussion der verschiedenen Konzepte von Freiheit beginnen, müssen wir allerdings auf drei grundsätzliche Einschränkungen hinweisen. Zum einen werden wir uns im Folgenden ausschließlich mit *Handlungsfreiheit* beschäftigen. Wir möchten also klären, welche Bedingungen erfüllt sein müssen, damit wir von einer Person A behaupten können, sie sei frei zu einer bestimmten Handlung x. Handlungsfreiheit ist nicht die einzige Spielart von Freiheit, mit der sich Philosoph*innen beschäftigt haben. Ein großer Teil des philosophischen Diskurses um Freiheit dreht sich um Willensfreiheit und damit um die Frage, welche Bedingungen erfüllt sein müssen, damit wir von einer Person A behaupten können, sie sei frei dazu, ihre Motive und Wünsche selbständig auszubilden und ihren Willen zu bestimmen. Diese zweite Spielart von Freiheit werden wir im Folgenden ausblenden, so dass immer Handlungsfreiheit gemeint ist, wenn wir in nicht näher spezifizierter Weise von Freiheit sprechen. Denn als Ansatz der politischen Philosophie, der das Verhältnis der Bürger*innen untereinander bzw. zum Staat in den Blick nimmt, geht es dem Liberalismus darum, sinnvoll festzulegen, was die Akteur*innen tun (und nicht: wollen) können, also um ihre Handlungsfreiheit.

Zum anderen geht es uns um Handlungsfreiheit *in einem deskriptiven und nicht in einem normativen Sinne*. D.h., wir möchten klären, welche Bedingungen erfüllt sein müssen, damit wir von einer Person A behaupten können, sie sei frei zu einer bestimmten Handlung x in dem Sinne, *dass ihr x möglich ist* bzw. *sie x tun kann*. Fragt man nach der normativen Freiheit einer Person A zu einer Handlung x, so fragt man stattdessen danach, welche Bedingungen erfüllt sein müssen, damit wir von A behaupten können, sie sei frei zu x in dem Sinne, *dass sie x tun darf oder dass es ihr erlaubt ist, x zu tun.* Der Grund, aus dem wir uns auf Handlungsfreiheit im deskriptiven Sinne beschränken, ist natürlich nicht, dass es im Liberalismus nicht darum geht zu klären, was Menschen tun dürfen und was nicht. Aber das normative Setup des Liberalismus, d.h. wie dieser seine normative Grundannahme wählt, erlaubt es uns, die Frage nach der deskriptiven Freiheit der Akteur*innen und die nach ihrer normativen Freiheit getrennt voneinander zu betrachten. Wie in Kapitel 1 dargestellt, ist die normative Grundannahme des Liberalismus, dass die Bürger*innen eines liberalen Staates ein Recht auf Freiheit haben. Die Freiheit, zu der die Bürger*innen berechtigt sind, kann aber nicht deren normative Freiheit sein. Denn es wäre seltsam, würde der Liberalismus den Bürger*innen das Recht zusprechen, das zu tun, was sie ohnehin dürfen oder was ihnen erlaubt ist. Wenn bereits bestimmt ist, wozu die Bürger*innen im normativen Sinne frei sind, d.h. welche Handlungen sie ausführen dürfen, trägt die Behauptung, dass sie auch das Recht haben, entsprechend zu handeln, nichts Neues zu ihrem normativen Status bei. Die Freiheit, zu der die Bürger*innen dem Liberalismus zufolge berechtigt sind, muss also deren deskriptive Freiheit sein: Sie haben das Recht, gewisse Dinge tun zu können. Ausgehend von dieser Einsicht wollen wir uns der Frage nach dem, was die Bürger*innen tun dürfen, in zwei Schritten nähern. Im ersten Schritt klären wir, wann die Bürger*innen dem Liberalismus zufolge frei im deskriptiven Sinne sind, also welche Bedingungen vorliegen müssen, damit sie frei handeln können. Im zweiten Schritt stellen wir fest, warum ihnen im Sinne des Liberalismus das Recht auf diese Freiheit zukommt, und folgern daraus, wozu sie im normativen Sinne frei sind, d.h. was sie tun dürfen.

Schließlich wollen wir betonen, dass wir Handlungsfreiheit als *lokales Konzept* und nur in abgeleiteter Hinsicht als globales

Konzept diskutieren. Denn im Folgenden werden wir immer danach fragen, ob eine Person A in oder zu einer spezifischen Handlung x und nicht ob sie insgesamt frei ist. Zwar sprechen wir im Alltag häufig so, als sei Freiheit ein globales Konzept, d.h. ein Konzept, das man pauschal auf Personen oder Gruppen anwenden könnte, etwa wenn wir danach fragen, ob eine Person oder eine Gruppe nun frei oder unfrei sei. Mit dem begrifflichen Instrumentarium, das wir hier einführen, kann man solch globale Urteile nur als Zusammenfassungen verstehen, die viele lokale Urteile bündeln. D.h., wenn man behauptet, eine Person A sei insgesamt oder global frei, behauptet man eigentlich, dass A zu allen möglichen oder zumindest zu sehr vielen einzelnen Handlungen und also in vielfacher Hinsicht lokal frei ist. Der Vorteil eines solchen lokalen Ansatzes ist, dass Freiheit dadurch zu einem Konzept wird, das verschiedene Freiheitsgrade zulässt und nicht binär gedacht werden muss. Je nachdem, zu wie vielen Handlungen eine Person lokal frei ist, ist sie global gesehen mehr oder weniger frei.

Nach diesen allgemeinen Vorüberlegungen skizzieren wir nun ein Beispiel, anhand dessen wir die Unterschiede der verschiedenen Konzepte von Freiheit, die wir im Folgenden diskutieren, illustrieren wollen. Dieses Beispiel soll einen fiktiven Staat abbilden, auch wenn es sicherlich Menschen gibt, die nach wie vor unter ähnlich schwierigen politischen Bedingungen leben müssen: Im Staate S regiert eine Diktatorin, die sich vor Jahren mit Unterstützung des Militärs an die Macht geputscht hat. Einziges Ziel dieser Diktatorin ist es, sich selbst und ihr Umfeld in einer privilegierten Position zu halten, und hierfür ist ihr jedes Mittel recht. Für die Bürger*innen von S hat die Machtbesessenheit der Diktatorin und ihrer Führungsriege schwerwiegende Konsequenzen: Nacht für Nacht nimmt die Geheimpolizei –

treues Instrument der Machthaberin – Hausdurchsuchungen vor und fahndet nach Dissident*innen. Diese werden in öffentlichen Schauprozessen zu drakonischen Strafen verurteilt, meist verschwinden sie auf Jahre zur Zwangsarbeit in Lagern. In allen größeren Städten werden jeden Abend über Lautsprecher die vermeintlichen Heldentaten der Diktatorin gepriesen, und den Bürger*innen wird eingeschärft, dass ihre Zukunft und die ihres Landes in den Händen der Führungsriege liegen. Es gibt keine Bildungsmöglichkeiten. Kinder werden schon früh für bestimmte Berufsgruppen ausgewählt und dann in sogenannten Kaderschmieden auf diese vorbereitet. Das Reisen ist den Bürger*innen von S ebenfalls verboten, nicht einmal innerhalb von S dürfen sie ohne vorherige Genehmigung der Behörden herumfahren. Allerdings gäbe es in S ohnehin auch nicht mehr viel zu sehen und zu besuchen, da die Diktatorin und ihr Clan das Land systematisch ausplündern. Alle Kulturgüter wurden bereits verschachert, und auch die natürlichen Ressourcen von S werden nach und nach zur Bereicherung der Diktatorin ins Ausland verkauft, während die Bürgerschaft in umfassender Armut lebt. Nach außen hin will sich die Diktatur den Anstrich legitimer Herrschaft geben. Daher erlässt sie Dekrete, die angeblich auf das Wohl der Bevölkerung abzielen, und verbietet z.B. fettige, ungesunde Nahrungsmittel und den Konsum von Drogen. Auch finden regelmäßig Wahlen statt, aber zu diesen tritt nur die Partei der Diktatorin an. Weder die Medien noch die Gerichte können die Wahlen kritisch überwachen, denn keine von beiden Instanzen ist unabhängig von den Eingriffen der Machthaberin.

Intuitiv erscheint uns die Situation der Bürger*innen von S als moralisch ungerechtfertigt, d.h., den Menschen in S wird von der Diktatorin Unrecht angetan. Müssten wir diesem Unrecht einen Namen geben, läge es nahe, dieses als *Freiheitsberaubung* zu bezeichnen. Intuitiv ist die Situation der Menschen in S also ein

Fall von Freiheitsberaubung. Aber auf welchen der vielen dargestellten skandalösen Sachverhalte stützt sich dieses Urteil eigentlich? Was genau stellt eine Freiheitsberaubung dar – und worin bestünde im Umkehrschluss die Freiheit der Bürger*innen von S? Hierauf geben unterschiedliche philosophische Konzepte von Freiheit unterschiedliche Antworten.

Dem ersten Konzept von Freiheit zufolge, das wir (aus Gründen, die wir weiter unten noch erläutern werden) als das *weite Konzept negativer Freiheit* bezeichnen, gilt Folgendes: *Eine Person A ist frei zu einer Handlung x genau dann, wenn A nicht daran gehindert wird, x zu tun.* Ein prominenter Vertreter des weiten Konzepts negativer Freiheit ist einer der Gründerväter der modernen politischen Philosophie, nämlich Hobbes in seinen staatsphilosophischen Schriften. Hobbes schreibt im *Leviathan*: »Unter *Freiheit* versteht man nach der eigentlichen Bedeutung des Wortes die Abwesenheit äußerer Hindernisse« (Hobbes 1651: 99, Hervorhebung im Original) bzw. »*Freiheit* bedeutet genau genommen das Fehlen von Widerstand, wobei ich unter Widerstand äußere Bewegungshindernisse verstehe« (Hobbes 1651: 163, Hervorhebung im Original). Als negativ wird diese Auffassung von Freiheit bezeichnet, weil ihr zufolge Freiheit darin besteht, dass etwas (nämlich ein Hindernis) abwesend ist.

Wenn wir dieses Konzept von Freiheit an unser obiges Beispiel anlegen, erscheinen die Bürger*innen von S als unfrei, weil sie an einer Vielzahl von Handlungen gehindert werden. Die Bürger*innen macht unfrei, dass es ihnen etwa unmöglich ist, nachts durchzuschlafen (weil sie von den Hausdurchsuchungen geweckt werden), dass sie wegen der Lautsprecheranlagen nicht in Ruhe draußen spazieren gehen können, dass sie ihre Kinder nicht auf diejenigen Schulen schicken können, die sie selbst für angemessen halten, oder dass sie nicht verreisen können. Würde die Diktatorin die Repressalien lockern und den Bürger*innen einige der Handlungstypen, an denen sie aktuell gehindert werden, ermöglichen, wären sie zu mehr Handlungen frei, so dass sie auch insgesamt gesehen in einem höheren Maße frei wären.

Auf den ersten Blick erscheint das weite Konzept negativer Freiheit nicht unplausibel. Zumindest wird es unserer Ausgangsannahme gerecht, da die Bürger*innen von S nach diesem Konzept tatsächlich in vielfacher Hinsicht unfrei sind. Auch andere typische Fälle werden von dieser Auffassung richtig eingefangen, wie etwa der der Sklaverei. Intuitiv sind Sklav*innen unfrei, und das weite Konzept negativer Freiheit kann erklären, wieso: Sklav*innen werden an einer Vielzahl von Handlungen gehindert, etwa sich bezahlte Arbeit zu suchen, unbezahlte Arbeit zu verweigern oder zu fliehen. Doch trotz seiner Anfangsplausibilität kann man gegen das weite Konzept negativer Freiheit einwenden, dass es in zweierlei Hinsicht schlicht zu weit ist. Zum einen versäumen es Anhänger*innen dieses Konzepts, den Kreis der Handlungen, bezüglich deren sich die Frage nach Freiheit bzw. Unfreiheit stellt, auf solche Handlungen zu begrenzen, die den Akteur*innen ohne einschränkende Intervention von außen grundsätzlich möglich gewesen wären. Dass dieses Versäumnis seltsame Folgen hat, zeigt folgendes Beispiel: Stellen wir uns vor, die Diktatorin hat wieder einmal eine Dissidentin verhaften und in Ketten legen lassen. Durch die Ketten wird die Dissidentin an einer Vielzahl von Handlungen gehindert, die sie hätte ausführen können, wäre der Eingriff durch die Diktatorin nicht erfolgt. Sie wird z.B. daran gehindert, zu ihrer Familie zurückzukehren, weiter gegen die Diktatorin zu agitieren, ihren Hund spazieren zu führen etc. Ausgehend vom weiten Konzept negativer Freiheit müssen wir sagen, dass sie zu all diesen Handlungen unfrei geworden ist. Aber ausgehend von diesem Konzept müssten wir auch behaupten, dass die Dissidentin durch die Ketten unfrei dazu geworden ist, durch die Wand ins Freie zu spazieren oder mit ihren Armen zu schlagen und davonzufliegen. Zwar wäre sie auch ohne die Ketten nicht dazu in der Lage gewesen, einfach durch die Wand zu spazieren oder durch das bloße Schlagen ihrer Arme davonzufliegen, weil das niemand kann. Doch weil sie zudem die Ketten an diesen Handlungen hindern, wird die Dissidentin dem weiten negativen Freiheitsbegriff zufolge von der Diktatorin auch zu diesen Handlungen unfrei gemacht.

Zum anderen verpassen es Anhänger*innen des weiten negativen Freiheitsbegriffs, den Kreis der Hindernisse, die eine Freiheitseinschränkung konstituieren können, einzuschränken. Denn stellen wir uns vor, die Dissidentin kann ihr Haus nicht verlassen, aber nicht, weil sie auf Befehl der Diktatorin in Ketten gelegt wurde, sondern weil ein Baum umgestürzt ist und den einzigen Ausgang versperrt oder weil es sehr stark regnet. Auch in diesem Fall müssen wir die Dissidentin dem weiten negativen Freiheitsbegriff zufolge als unfrei dazu, das Haus zu verlassen, ansehen, weil sie hieran gehindert wird. Aber das Hindernis, das die Dissidentin in diesem Fall unfrei macht, ist eben nicht die Diktatorin oder ihre Handlanger, sondern natürliche Phänomene wie Wind und Wetter.

Wollen wir solche Ergebnisse vermeiden, müssen wir das Konzept weiter negativer Freiheit einschränken. Dabei könnte man zu folgender Auffassung kommen: *Eine Person A ist frei zu einer Handlung x genau dann, wenn (1) A nicht durch eine andere Person bzw. durch andere Personen daran gehindert wird, x zu tun, und (2) A x ausführen kann, wenn sie nicht von einer anderen Person bzw. von anderen Personen daran gehindert wird, x zu tun.* Dieses Konzept von Freiheit wird oft als das *enge Konzept negativer Freiheit* oder einfach nur als *negative Freiheit* bezeichnet. Seine klassische Darstellung findet es bei Isaiah Berlin: »Gewöhnlich sagt man, ich sei in dem Maße frei, wie niemand in mein Handeln eingreift, kein Mensch und keine Gruppe von Menschen. [...]

Wenn andere mich daran hindern, etwas zu tun, das ich sonst tun könnte, bin ich insofern unfrei.« (Berlin 1969: 201 f.)

Ausgehend vom engen Konzept negativer Freiheit sind die Bürger*innen in S deswegen unfrei, weil sie – wie schon im Falle des weiten Konzepts negativer Freiheit – an verschiedenen Handlungen gehindert werden. D.h., vor dem Hintergrund dieser Auffassung sind die Bürger*innen von S ebenfalls deswegen unfrei, weil sie u.a. daran gehindert werden, nachts durchzuschlafen, in Ruhe spazieren zu gehen, die Schule ihrer Kinder auszuwählen oder zu reisen. Aber damit ein Hindernis diesem Konzept zufolge eine Freiheitsberaubung darstellt, muss es zum einen menschengemacht sein (und nicht auf bloß natürliche Phänomene zurückgehen) und zum anderen den Bürger*innen eine Handlungsmöglichkeit nehmen, die ihnen ohne äußere Intervention offengestanden hätte. Eine Dissidentin, die wegen eines umgestürzten Baums ihr Haus nicht verlassen kann, erscheint vor diesem Hintergrund also nicht als unfrei zu dieser Handlung, genauso wenig wie eine Dissidentin durch die Ketten der Diktatorin dazu unfrei gemacht werden kann, durch Wände zu spazieren oder einfach davonzufliegen.

Da das enge Konzept negativer Freiheit mehr Bedingungen umfasst, ist es anspruchsvoller als sein weites Gegenstück. Deswegen erscheinen vor seinem Hintergrund weniger Hindernisse als freiheitsrelevant. Damit reagiert das enge Konzept negativer Freiheit auf eine der Schwachstellen des weiten Konzepts. Dennoch wenden einige Kritiker*innen ein, auch dieses Konzept sei noch zu weit und nehme zudem die falschen Dinge in den Blick (vgl. Wendt 2009: 26). Betrachten wir diese beiden Vorwürfe der Reihe nach. Dem engen Konzept negativer Freiheit zufolge liegt eine Einschränkung der Handlungsfreiheit einer Person A immer dann vor, wenn A durch die Intervention anderer Personen eine Handlung x unmöglich gemacht wird, die A ohne diese Intervention hätte ausführen können. Doch damit werden unzählige Handlungen im sozialen Raum, d.h. Handeln im Beisein anderer, automatisch zu einer Freiheitseinschränkung. Dadurch, dass sich A auf den letzten freien Stuhl im Raum setzt, macht sie es beispielsweise einer weiteren Person B unmöglich, sich ebenfalls auf diesen Stuhl zu setzen, und schränkt also Bs Freiheit, sich hinzusetzen, ein. Vor dem Hintergrund des engen Konzepts negativer Freiheit multiplizieren sich also die Instanzen von Freiheitseinschränkung ins Unermessliche, und Handeln im Beisein anderer kann nicht mehr vollzogen werden, ohne diese dadurch in ihrer Freiheit einzuschränken. Doch nicht nur, dass das enge Konzept negativer Freiheit zu viele Hindernisse als freiheitseinschränkend ausweist – zudem sind viele von diesen Hindernissen auf den ersten Blick vollkommen trivial. Denn wenn wir von anderen Menschen dazu unfrei gemacht werden, uns auf den letzten Stuhl im Raum zu setzen, stellt dies kein großes Problem für unsere Freiheit dar und sicher keines, auf das die politische Philosophie antworten muss. Wer von uns würde schon viel auf seine oder ihre Freiheit geben, wenn sich diese in so trivialen Handlungsmöglichkeiten manifestiert, wie etwa sich auf den letzten Stuhl im Raum setzen zu können? Ausgehend von einem engen negativen Freiheitsbegriff drohen Handlungsfreiheit und Freiheitseinschränkungen in vielen Fällen ethisch trivial zu werden, so dass nicht mehr einzusehen ist, warum uns besonders viel an unserer Freiheit gelegen sein sollte.

Kritiker*innen des engen Konzepts negativer Freiheit erscheinen diese Implikationen inakzeptabel. Für sie soll Freiheit etwas bleiben, wofür es sich politisch zu streiten lohnt (vgl. Miller 1991: 2 und Taylor 1979). Daher suchen sie nach einem Konzept von Freiheit, das weniger und vor allem wichtigere Handlungen als freiheitsrelevant ausweist. Ihr Vorschlag ist folgender: *Eine Person A ist frei zu einer Handlung x genau dann, wenn (1) A nicht* *durch eine andere Person bzw. durch andere Personen daran gehindert wird, x zu tun, (2) A x ausführen kann, wenn sie nicht von einer anderen Person bzw. von anderen Personen daran gehindert wird, x zu tun, und (3) x (objektiv oder subjektiv) wertvoll ist.* Ein Autor, der diese Auffassung von Freiheit vertritt, ist Joseph Raz. Ihm zufolge besteht Freiheit in »the availability of an adequate range of options« (Raz 1986: 425), d.h., eine Person A ist frei, wenn sie eine angemessene Auswahl an Handlungsoptionen und also die Möglichkeit hat, hinreichend viele wertvolle Handlungen zu vollziehen. Dieses Konzept von Freiheit bezeichnen wir im Folgenden als *Möglichkeitskonzept positiver Freiheit* (bisher sind alle dargestellten Freiheitskonzeptionen Möglichkeitskonzepte – was damit genau gemeint ist, klären wir auf, wenn wir im Kontrast dazu das Ausübungskonzept positiver Freiheit diskutieren). Während bei negativen Auffassungen von Freiheit der Fokus auf freiheitsberaubende Hindernisse gelegt wird, legen Vertreter*innen eines positiven Freiheitsbegriffs das Augenmerk darauf, dass die handelnde Person die Möglichkeit hat bzw. tatsächlich in der Lage ist (siehe Ausübungskonzept), wertvolle Handlungen zu vollziehen.

Auch vor dem Hintergrund des Möglichkeitskonzepts positiver Freiheit erscheinen die Bürger*innen von S unfrei. Wieder kommt ihre Unfreiheit dadurch zustande, dass sie von der Diktatorin daran gehindert werden, eine Vielzahl an Handlungen zu vollziehen. Weil aber gemäß dem Möglichkeitskonzept positiver Freiheit nur die Einschränkung wertvoller Handlungen überhaupt freiheitsrelevant sein kann, ist es die Tatsache, dass sie an bestimmten, nämlich an wertvollen Handlungen gehindert werden, die die Unfreiheit der Bürger*innen von S ausmacht. Doch welche Handlungen sind wertvoll und können damit überhaupt freiheitsrelevant werden? Hierauf gibt es eine objektive und eine subjektive Antwort. Anhänger*innen des Möglichkeitskonzepts positiver Freiheit können entweder behaupten, eine Handlung sei wertvoll, weil sie bestimmten Kriterien des objektiv Wertvollen entspricht oder aber weil sie dem Subjekt, das sie ausführen will, subjektiv wertvoll erscheint. Mit Blick auf unser Beispiel bedeutet dies Folgendes: Auch nach dem Möglichkeitskonzept positiver Freiheit sind die Bürger*innen von S unfrei, aber nur, weil sie die Diktatur an wertvollen Handlungen hindert. Legen wir einen objektiven Maßstab des Wertvollen an, nach dem etwa die Vervollkommnung menschlicher Eigenschaften sowie Gesundheit wertvoll sind, werden die Bürger*innen also beispielsweise dadurch unfrei, dass sie ihre Kinder nicht auf die Schulen schicken können, die sie für angemessen halten, damit ihr Nachwuchs seine intellektuellen Fähigkeiten hinreichend entfalten kann. Zudem macht sie das Reiseverbot unfrei, da auch Reisen zur Bildung und also zur menschlichen Vervollkommnung beiträgt. Dass die Diktatur ungesundes Essen und Drogenkonsum verbietet, wirkt sich gemäß einer objektiven Bestimmung des Wertvollen dagegen nicht auf die Freiheitsbilanz der Bevölkerung aus. Denn obwohl die Bürgerschaft von S durch die Diktatur daran gehindert wird, ständig Pommes zu essen und zu kiffen, sind diese Handlungen gemessen am angelegten objektiven Maßstab nicht wertvoll, weil sie der Gesundheit schaden, so dass ihre Einschränkung nicht freiheitsrelevant sein kann. Legen wir dagegen einen subjektiven Maßstab des Wertvollen an, verschiebt sich das Bild. So gilt nun das als wertvoll, was von den einzelnen Bürger*innen als wertvoll angesehen wird. Daher könnte es der Fall sein, dass Bürgerin A von der Diktatur dadurch unfrei gemacht wird, dass sie daran gehindert wird zu reisen, weil A eben das Reisen schätzt, während Bürgerin B dadurch keine Freiheitseinbuße erleidet, da sie es immer schon als unangenehm empfunden hat, unterwegs zu sein. Stattdessen wird Bs Freiheit durch die Diktatur dadurch beschnitten, dass sie daran gehindert wird, ihrem Herzenswunsch nachzugehen und jeden Tag Pommes zu essen. Im Folgenden werden wir dem Möglichkeitskonzept positiver Freiheit immer ein objektives Wertverständnis zugrunde legen. Ein solches ist zwar nie unumstritten, da es eine offene Frage ist, was als objektiv wertvoll gelten kann. Doch die subjektive Spielart des positiven Möglichkeitskonzepts wird im Allgemeinen nicht vertreten.

Die Grundintuition von Anhänger*innen eines Möglichkeitskonzepts positiver Freiheit ist, dass Freiheit etwas sein sollte, wofür es sich lohnt, politisch zu kämpfen. Daher schränken sie die Menge der Handlungen, bei denen sich die Frage nach Freiheit überhaupt stellen kann, auf wertvolle Handlungen ein. Aber ist es wirklich lohnenswert, für bloße Möglichkeiten zu kämpfen, selbst wenn es sich dabei um Möglichkeiten zu wertvollen Handlungen dreht? Ist das, was wertvoll ist, nicht vielmehr das Realisieren von wertvollen Möglichkeiten? Dies ist es, was Anhänger*innen des *Ausübungskonzepts positiver Freiheit* behaupten. Für sie besteht Freiheit darin, ein selbstbestimmtes Leben zu führen. Eine Person A ist also nicht dann schon frei, wenn sie andere Personen nicht aktiv behindern und ihr also bestimmte Möglichkeitsräume grundsätzlich offenstehen, sondern erst wenn sie diese Möglichkeitsräume so nutzt, dass sie dadurch ihr Leben nach ihren eigenen Wertvorstellungen gestaltet. Das Ausübungskonzept positiver Freiheit besagt daher Folgendes: *Eine Person A ist frei in (der Ausführung) einer Handlung x genau dann, wenn x As Wertvorstellungen entspricht.* Insgesamt oder global frei ist A, wenn sie in einer hinreichenden Anzahl von Fällen so handelt, dass es ihren Wertvorstellungen entspricht. Das Ausübungskonzept positiver Freiheit teilt mit dem Möglichkeitskonzept einige Eigenschaften: Auch diesem Konzept zufolge kann die Frage nach Freiheit nur mit Blick auf bestimmte Handlungen aufkommen, nämlich nur mit Blick auf solche, die den Wertvorstellungen der jeweiligen Akteurin entsprechen. Wenn eine Handlung y nicht den Wertvorstellungen einer Person A entspricht, dann kann A weder dadurch frei sein, dass sie y ausführt, noch dadurch unfrei werden, dass sie y unterlässt oder an y gehindert wird. Der Unterschied zwischen den beiden Versionen positiver Freiheit liegt darin, dass Freiheit im Sinne eines Ausübungskonzepts darin besteht, bestimmte Handlungen tatsächlich auszuführen (nämlich solche, die als selbstbestimmt anzusehen sind), während As Freiheit dem Möglichkeitskonzept zufolge bereits dann gegeben ist, wenn A nicht an der Ausführung dieser Handlungen gehindert wird, unabhängig davon, ob sie diese Handlungen dann wirklich ausführt oder nicht.

Eine solche Auffassung von Freiheit vertreten z.B. Karl Marx und Friedrich Engels in ihrer *Deutschen Ideologie.* Für Marx und Engels besteht persönliche Freiheit darin, »seine Anlagen nach allen Seiten hin auszubilden; erst in der Gemeinschaft wird also die persönliche Freiheit möglich.« (Marx/Engels 1845/46: 74) Offenbar muss ein Individuum nach Marx und Engels also bestimmte wertvolle Handlungen de facto vollziehen – nämlich seine natürlichen Fähigkeiten und Talente zur Entfaltung bringen –, um als frei angesehen werden zu können. Auch nach Berlin besteht positive Freiheit darin, seine eigene Herr*in und das Werkzeug der eigenen und nicht fremder Willensakte zu sein (vgl. Berlin 1969: 214); d.h., auch für Berlin ist ein Tätigwerden erforderlich, um frei zu sein, nämlich eines auf selbstbestimmte Art und Weise.

Wie müssen wir unser Beispiel im Lichte des Ausübungskonzepts positiver Freiheit interpretieren? Wieder erscheinen die Bürger*innen von S unfrei, aber diesmal nicht, weil die Diktatur sie an einer Vielzahl wertvoller Handlungen aktiv hindert, sondern weil sie sich in einer Situation befinden, in der sie selbst den vorhandenen Möglichkeitsraum nicht dafür nutzen können, so zu handeln, dass es ihren Wertvorstellungen entspricht. Was hiermit gemeint ist, wird deutlicher, wenn wir uns überlegen, was gemäß dem Ausübungskonzept positiver Freiheit zu tun wäre, um die Freiheit der Bürger*innen von S zu erhöhen. Nehmen wir an, durch verschiedene politische Wendungen verändert die Diktatorin endlich ihr Schreckensregime, gewisse Verbote werden gelockert. Plötzlich werden die Bürger*innen nicht mehr daran gehindert zu reisen, ihre Kinder nach ihrem Gutdünken zu erziehen, zu kaufen, was sie wollen, und ihre Meinung frei zu äußern. Doch die jahrelange Indoktrination durch die Diktatorin ist nicht spurlos an Ss Bevölkerung vorübergegangen. Auch falls die Bürger*innen nun nicht mehr drangsaliert werden, wenn sie etwa versuchen, sich eine eigene wirtschaftliche Existenz aufzubauen, haben sie doch zu oft gehört, dass ihr Schicksal letztlich von den Entscheidungen der Diktatorin abhängt, um es noch selbst in die Hand zu nehmen und etwas zu riskieren. Auch in Erziehungsfragen trauen sie sich nichts zu und warten lieber ab, ob es nicht doch wieder Vorschriften von oben gibt, die ihnen sagen, was zu tun ist. Psychologische Faktoren wie Unselbständigkeit oder Angst führen dazu, dass die Bürgerschaft mit den neuen Möglichkeitsräumen, die durch den Rückzug der Diktatorin entstanden sind, wenig anfangen kann; auch wenn sie nicht mehr aktiv an bestimmten Handlungen gehindert wird, ist es für sie zumindest vorläufig noch zu schwer, die fraglichen Handlungen zu vollziehen.

Mit Ausnahme des Ausübungskonzepts positiver Freiheit waren alle bisher diskutierten Freiheitsbegriffe Möglichkeitskonzepte. Daher würden alle bisher diskutierten Freiheitsbegriffe die Situation der Bürgerschaft von S nach der Lockerung des Regimes als freier bezeichnen, eben weil ihr Möglichkeitsraum gewachsen ist. Anhänger*innen des Ausübungskonzepts positiver Freiheit weisen dagegen darauf hin, dass die Diktatorin mehr tun muss, um die Freiheit der Bürger*innen wieder zu erhöhen, als sich lediglich zurückzuziehen. Stattdessen muss sie Fördermaßnahmen ergreifen, die sicherstellen, dass die Bürgerschaft neue Möglichkeiten, die ihren Wertvorstellungen entsprechen, in einem robusten Sinne ergreifen kann. Solche Maßnahmen könnten darin bestehen, die Bürger*innen so weit aufzuklären und zu fördern, dass sie ihre eigenen Fähigkeiten realistisch einschätzen können und dadurch das Selbstvertrauen entwickeln, um aktiv zu werden.

Beide Versionen von positiver Freiheit eint, dass sie Freiheit als etwas darstellen, wofür es sich politisch zu kämpfen lohnt. Ermöglicht wird das dadurch, dass beide Konzepte nur wertvolle Handlungen als freiheitsrelevant gelten lassen. Damit handeln sich die Anhänger*innen eines positiven Freiheitsbegriffs aber ein Problem ein, das wir an folgendem Beispiel erläutern möchten: Nehmen wir an, eine Dissidentin, die offen gegen die Diktatorin protestiert hat, wurde vor zwanzig Jahren ins Gefängnis gesteckt. Um die Zeit in Gefangenschaft auszuhalten, hat sie Routinen entwickelt (wie etwa zu meditieren, Yoga zu machen, zu lesen und sich fortzubilden etc.), die mittlerweile vollständig ihr Leben strukturieren und die objektiv wertvoll sind. Tatsächlich hat sie sich mittlerweile so an das Gefängnisleben gewöhnt, dass sie berechtigterweise davon ausgeht, sich außerhalb ihrer Zelle nicht mehr zurechtfinden zu können. Als eine Zeit der politischen Entspannung anbricht, wird ihr von den Machthabenden in Aussicht gestellt, entlassen zu werden. Aber die vielen Handlungsmöglichkeiten, die sich für sie dadurch ergeben würden, sind für die Dissidentin nicht mehr wertvoll – sie will nicht mehr draußen leben und hat zudem die Fähigkeiten verloren, dies erfolgreich zu tun. Gemäß dem Möglichkeitskonzept positiver Freiheit würde sich also dadurch, dass sie durch ihre Entlassung plötzlich eine Vielzahl neuer Handlungsmöglichkeiten hätte, ihre Freiheit nicht erhöhen, denn diese

Möglichkeiten sind für sie nicht wertvoll. Und sofern die Dissidentin in ihren Gefängnisroutinen Handlungen vollzieht, die ihren Wertvorstellungen entsprechen, wäre sie nach dem Ausübungskonzept positiver Freiheit in diesen Handlungen frei. Das Konzept positiver Freiheit erlaubt es also unter bestimmten Bedingungen, Menschen, die im Gefängnis leben, als in ihrer Freiheit nicht eingeschränkt oder sogar als frei anzusehen – was zumindest auf den ersten Blick eine seltsame Konsequenz ist.

Das letzte Konzept von Freiheit, das wir diskutieren wollen, ist *republikanische Freiheit.* Die Grundintuition hinter diesem Konzept ist, dass eine Person A frei ist, wenn A nicht von anderen Personen beherrscht wird bzw. – mit den Worten von Philip Pettit, dem berühmtesten Vertreter des republikanischen Freiheitskonzepts – wenn A zu anderen Personen in einem Verhältnis von »non-domination« (Pettit 1997: 22) steht. Pettits Einsicht besteht dabei darin, dass Beherrschung nicht nur dann vorliegt, wenn eine Person einer anderen *de facto* Handlungen unmöglich macht, also wenn B etwa A an einer Handlung x hindert, die A ohne Bs Intervention möglich gewesen wäre. Um A zu beherrschen, reicht es vielmehr schon aus, dass B *die Möglichkeit hat*, As Handlungsmöglichkeiten einzuschränken und ihr x unmöglich zu machen – ganz egal, ob B diese Möglichkeit dann auch wirklich in die Tat umsetzt oder nicht. Etwas formaler lässt sich die Grundidee hinter der republikanischen Freiheit folgendermaßen ausdrücken: *Eine Person A ist frei zu einer Handlung x genau dann, wenn (1) A x ausführen kann, wenn sie nicht von einer anderen Person bzw. von anderen Personen daran gehindert wird, x zu tun, und (2) es keine Person B gibt, die die robuste Möglichkeit hat, A willkürlich daran zu hindern, x zu tun.* Diese formale Darstellung greift zum einen den Gedanken auf, dass nach dem republikanischen Konzept von Freiheit As Freiheit eben nicht nur dann beschnitten wird, wenn eine andere Person B sie de facto an einer ihr sonst möglichen Handlung hindert. Vielmehr reicht es schon aus, wenn B die Möglichkeit hat, dies zu tun. Zudem wird betont, dass B diese Möglichkeit in einem *robusten* Sinne haben muss. D.h., es reicht nicht, wenn es B theoretisch (etwa im Stile eines Gedankenexperiments) möglich ist, As Handlungsspielraum zu manipulieren, sondern diese Möglichkeit muss für B mit wenig Aufwand zu realisieren sein. Ferner macht die formale Darstellung klar, dass B A nur dann im relevanten Sinne beherrscht (und also nach dem republikanischen Konzept unfrei macht), wenn B die Möglichkeit hat, *willkürlich* in As Handlungen zu intervenieren. Denn wir wollen nicht davon sprechen, dass B A beherrscht, wenn B zwar in As Handlungen eingreifen kann, aber immer nur in As Sinne oder zugunsten von A. Beherrschung scheint nur vorzuliegen, wenn B die robuste Möglichkeit hat, As Handlungsspielraum nach ihrem eigenen Gutdünken und völlig losgelöst von As eigenen Interessen zu manipulieren. Pettit bringt die Idee hinter dem republikanischen Konzept von Freiheit folgendermaßen auf den Punkt: »The contrary of the *liber*, or free, person in Roman, republican usage was the *servus*, or slave, and up to at least the beginning of the last century, the dominant connotation of freedom, emphasized in the long republican tradition, was not having to live in servitude to another: *not being subject to the arbitrary power of another.*« (Pettit 1996: 576, unsere Hervorhebung)

Kehren wir zu unserem Beispiel zurück, um das Konzept republikanischer Freiheit zu verdeutlichen. Auch nach diesem Konzept sind die Bürger*innen von S unfrei, aber ihre Unfreiheit manifestiert sich nicht darin, dass sie die Diktatorin de facto an bestimmten Handlungen hindert. Ihre Unfreiheit besteht vielmehr darin, dass die Diktatorin die Macht hat, umfassend Einfluss auf ihr Leben zu nehmen. Selbst wenn die Bürger*innen nicht de facto heute Nacht abgeholt, in einem Schauprozess verurteilt und zur Zwangsarbeit abgeführt werden, wissen sie doch, dass die Möglichkeit hierzu jederzeit besteht, und diese Lage bzw. ihr Wissen darüber schränkt sie in ihren alltäglichen Lebensvollzügen ein. Weil sich die Diktatorin in ihren Handlungen auch nicht am Willen oder an den Interessen der Bürger*innen orientieren muss, sondern diesen willkürlich Handlungen verbieten oder vorschreiben kann, beherrscht sie diese. Und insofern die Bürger*innen in diesem Sinne beherrscht werden, sind sie nach der republikanischen Auffassung von Freiheit unfrei.

Wie verhält sich das Konzept republikanischer Freiheit zu den anderen Freiheitsbegriffen, die wir bisher dargestellt haben? Ganz offensichtlich ist das republikanische Konzept kein Ausübungskonzept, da As Freiheit nicht darin besteht, dass A bestimmte Handlungen ausführt. Stattdessen ist auch die republikanische Freiheit ein Möglichkeitskonzept, allerdings in einem anspruchsvolleren Sinne als die bisher diskutierten Varianten: Dass A im republikanischen Sinne frei zu x ist, heißt nicht nur, dass niemand ihr x de facto unmöglich macht, sondern dass niemand die robuste Möglichkeit hat, ihr x willkürlich unmöglich zu machen. Doch auch wenn republikanische Freiheit anspruchsvoller ist als die übrigen Möglichkeitskonzepte von Freiheit, erbt dieses Konzept Probleme, die wir schon beim Konzept negativer Freiheit kennengelernt haben. Denn je nachdem, wie robust die Interventionsmöglichkeiten von B gedacht werden müssen, wird A zu sehr vielen Handlungen unfrei. Schließlich sind die meisten Menschen ja tatsächlich so positioniert, dass andere willkürlich in ihre Handlungen intervenieren können. So kann nicht nur die Diktatorin willkürlich in die Handlungen der Bürger*innen von S eingreifen, sondern diese können das auch gegenseitig tun. A kann beispielsweise willkürlich in Bs Handlung des Spazierengehens eingreifen, indem sie B einsperrt. Wie auch beim Konzept negativer Freiheit besteht also die Gefahr, dass das Konzept republikanischer Freiheit zu umfassend ist.

Bisher haben wir fünf verschiedene Konzepte von Freiheit vorgestellt. Doch welches davon ist das richtige, d.h. welches davon sollte sich der Liberalismus zu eigen machen? Um diese Frage beantworten zu können, müssen wir uns zuerst klarmachen, was es in diesem Kontext überhaupt heißen könnte, dass eines der genannten Konzepte das richtige sei. In der zeitgenössischen analytischen Philosophie wird häufig zwischen konkurrierenden Konzepten abgewogen, indem man untersucht, welches davon unsere Alltagsintuitionen am besten widerspiegelt. Dass eine Auffassung seltsame Implikationen hat, d.h. dass aus ihr etwas folgt, was wir intuitiv nicht behaupten würden, spräche also gegen sie. Doch diese Form des Abwägens zwischen konkurrierenden Konzepten bietet sich im Fall von Freiheit nicht an. Denn alle dargestellten Konzepte weisen kontraintuitive Implikationen auf: Nach dem weiten Konzept negativer Freiheit können wir frei oder unfrei sein zu Handlungen, die uns niemals möglich waren, nach dem engen sowie nach dem republikanischen Konzept werden wir dagegen durch Trivialitäten unfrei gemacht. Nach dem Möglichkeitskonzept positiver Freiheit kann unser Grad an Freiheit konstant bleiben, obwohl uns andere Personen vieler Handlungsoptionen berauben, sofern diese Optionen nur keine (objektiv) guten sind, und gemäß dem korrespondierenden Ausübungskonzept kann sogar eine Gefängnisinsassin frei sein, falls es ihren Wertvorstellungen entspricht, im Gefängnis zu sitzen. Wenn wir also ermitteln wollen, welches der vorgestellten Konzepte das richtige ist, indem wir sie auf ihre intuitive Plausibilität hin überprüfen, kommen wir zu keinem eindeutigen Ergebnis (vgl. Carter/Kramer/Steiner 2007: xvii f.).

Alternativ könnten wir unsere Abwägung an den praktischen Implikationen der verschiedenen Konzepte ausrichten. D.h., wir könnten mit Blick auf jedes der dargestellten Freiheitskonzepte fragen, wie ein Staat aussehen würde, der den Bürger*innen das Recht auf die so verstandene Freiheit zuspricht. Denn dass die Bürger*innen das Recht auf Freiheit haben, ist ja die normative Grundannahme des Liberalismus. Diejenige Auffassung von Freiheit, die zum attraktivsten Staat führt, würde dann – zumindest im Kontext liberaler politischer Philosophie – als die richtige gelten. Die liberalen Theorien, die wir in Kapitel 3 vorstellen, wählen dieses Vorgehen. Denn sie argumentieren selten explizit für einen Freiheitsbegriff, sondern versuchen stattdessen für die Attraktivität ihrer jeweiligen Staatsmodelle zu werben. Im Lichte des soeben Dargestellten scheint ein solches praktisches Vorgehen gerechtfertigt. Der Grund dafür ist nicht nur, dass ein Intuitionentest – wie oben dargestellt – uneindeutig ausfallen würde, sondern es ist zudem nicht klar, warum es für eine politikphilosophische Position überhaupt relevant sein sollte, einen solchen zu bestehen: Warum sollte es problematisch sein, wenn der Liberalismus Freiheit anders versteht, als wir es alltäglich tun? Relevant ist doch vielmehr, ob er Freiheit so versteht, dass wir den resultierenden Staat attraktiv finden (für eine allgemeine Verteidigung dieser Vorgehensweise vgl. Haslanger 2012: 386 sowie Burgess/Plunkett 2013).

Um die praktischen Implikationen der verschiedenen Freiheitsbegriffe diskutieren zu können, müssen wir allerdings zuerst ein weiteres Grundkonzept des Liberalismus klären. Denn die Grundannahme des Liberalismus ist ja nicht, dass die Bürger*innen frei sind, sondern dass sie das Recht auf Freiheit haben. Was genau sollen wir unter einem Recht verstehen, und worin besteht dann in Abhängigkeit davon das Recht auf Freiheit?

2.2 Das Recht auf Freiheit im Liberalismus

Grundsätzlich sind Rechte normative Relationen, d.h., sie setzen eine oder mehrere Personen miteinander oder mit Handlungen bzw. mit Unterlassungen in Verbindung – und das in normativer Art und Weise. Dass eine Person ein Recht hat, bedeutet, dass sie – entweder gegenüber anderen Personen oder ganz allgemein – etwas tun bzw. unterlassen darf oder muss. Zwei Möglichkeiten, diese allgemeine Überlegung auszubuchstabieren, bieten sich an: Entweder können wir uns *Rechte als dreistellige Relationen* vorstellen zwischen einer Rechtsträger*in, einer Rechtsadressat*in und dem Inhalt des fraglichen Rechts (vgl. Wendt 2009: 71). Dabei lässt sich der Inhalt eines Rechts immer als Handlung oder als Unterlassung der Rechtsadressat*in konstruieren. Zu behaupten, dass eine Person A einer anderen Person B gegenüber das Recht auf x habe, bedeutet also, dass A (als Rechtsträger*in) das Recht hat, dass B (als Rechtsadressat*in) x ausführt (sofern »x« eine Handlung bezeichnet) oder unterlässt (sofern »x« eine Unterlassung bezeichnet). Für Rechte dieser Art, die also eine dreistellige normative Relation aufspannen, gilt die sogenannte Korrelationsthese (vgl. Wendt 2009: 71). Dieser zufolge geht mit dem Recht der Rechtsträger*in immer eine Pflicht der Rechtsadressat*in einher. Deswegen können wir diesen Zusammenhang auch folgendermaßen fassen: Zu behaupten, dass eine Person A einer anderen Person B gegenüber das Recht auf x habe, bedeutet, dass B A gegenüber die Pflicht hat, x auszuführen (sofern »x« eine Handlung bezeichnet) oder zu unterlassen (sofern »x« eine Unterlassung bezeichnet). Verschiedene Autor*innen führen unterschiedliche Erklärungen für die Korrelationsthese an: Einige vermuten einen konstitutiven Zusammenhang zwischen Rechten und Pflichten, d.h., für sie besteht das Haben eines Rechts in nichts anderem als darin, einer anderen Person eine Pflicht aufzuerlegen (vgl. Wendt 2009: 71). Andere gehen dagegen von einem normativen Zusammenhang aus, d.h., für sie gehen mit Rechten immer Pflichten einher, weil das Recht einer Person die Pflicht einer anderen begründet (vgl. Wendt 2009: 71). Warum die Korrelationsthese gilt, wird uns im Weiteren nicht mehr beschäftigen – aber wir akzeptieren, dass sie gilt.

Doch nicht immer, wenn wir von Rechten sprechen, haben wir eine solche dreistellige Relation im Sinn. Denn manchmal sprechen wir davon, ein Recht auf etwas zu haben, ohne damit gleichzeitig sagen zu wollen, dass andere Personen uns gegenüber zu einer bestimmten Handlung oder Unterlassung verpflichtet sind. Wenn wir z.B. behaupten, dass wir das Recht haben, unser eigenes Geld nach unserem Gutdünken auszugeben, wollen wir damit oft nur sagen, dass wir unser Geld ausgeben dürfen, wie wir möchten, ohne damit schon Pflichten auf Seiten anderer Personen vorauszusetzen. Ein Recht in diesem zweiten Sinne ist *ebenfalls eine normative Relation, allerdings eine mit nur zwei Relata*. Denn ein solches Recht, das man besser als *normative Freiheit* bezeichnen sollte (im Gegensatz zu den oben dargestellten Rechten, die man auch als *Anspruchsrechte* bezeichnen könnte, vgl. Hohfeld 1919: 38 f.), besagt lediglich, dass die Rechtsträger*in eine bestimmte Handlung ausführen darf. Anders ausgedrückt: Dass A normativ frei ist, x zu tun, bedeutet, dass sie x ausführen darf, d.h. dass sie x ausführen kann, aber nicht muss.

Im Stile welcher dieser beiden möglichen normativen Relationen sollen wir nun das liberale Recht auf Freiheit verstehen? Schreibt der Liberalismus den Bürger*innen ein Anspruchsrecht auf Freiheit zu oder lediglich die normative Freiheit zur Freiheit? Hobbes etwa scheint Letzteres im Sinn zu haben, wenn er dem Individuum im Naturzustand (allerdings nicht mehr im Staatszustand!) als Naturrecht die Freiheit zuspricht, »seine eigene

Macht nach seinem Willen zur Erhaltung seiner eigenen Natur, das heißt seines eigenen Lebens, einzusetzen und folglich alles zu tun, was er nach eigenem Urteil und eigener Vernunft als das zu diesem Zwecke geeigneteste Mittel ansieht« (Hobbes 1651: 99). Hobbes zufolge hat eine Person A also die normative Freiheit, alles zu tun, was zur Erhaltung ihres Lebens dienlich ist, wobei das aber eben nicht impliziert, dass andere Personen dazu verpflichtet wären, As Selbsterhalt nicht zu behindern. In diesem schwachen Sinne wollen Vertreter*innen des Liberalismus das Recht auf Freiheit nicht verstanden wissen, d.h., dass A das Recht dazu hat, frei zu sein, heißt nicht lediglich, dass A frei sein darf. Vielmehr ist das Recht auf Freiheit im Liberalismus ein echtes Anspruchsrecht, das daher mit Pflichten korreliert.

Dass A das Recht auf Freiheit hat, bedeutet also, dass A gegenüber denjenigen Personen oder Gruppen, die Adressat*innen dieses Rechts sind, beanspruchen kann, von diesen nicht in ihrer Freiheit eingeschränkt zu werden. Anders ausgedrückt sind die Adressat*innen dieses Rechts dazu verpflichtet, A nicht in ihrer Freiheit einzuschränken. Aber wer sind die Adressat*innen dieses Rechts? Und was genau müssen die Adressat*innen tun, um A nicht in ihrer Freiheit einzuschränken? Das Recht auf Freiheit als ein Anspruchsrecht zu begreifen bedeutet, wie bereits erwähnt, es als dreistellige Relation aufzufassen, doch bisher kennen wir nur eines der Relata, da wir wissen, dass im Liberalismus alle Bürger*innen des Staats als Träger*innen dieses Rechts identifiziert werden. Nun gilt es zu klären, wie die beiden übrigen Relata zu verstehen sind, d.h. wer die Adressat*innen dieses Rechts sind und worin deren aus diesem Recht resultierende Pflicht besteht. Beide Fragen lassen sich nur gemeinsam klären und hängen davon ab, welche Freiheitskonzeption dem liberalen Recht auf Freiheit zugrunde gelegt wird. Ganz grundsätzlich ist anzunehmen, dass die Bürger*innen ein Recht auf Freiheit all denjenigen Personen und Gruppen gegenüber haben, die ihre Freiheit einschränken können. Im Weiteren werden wir aber besonderes Augenmerk darauf legen, wie die Freiheit der Bürger*innen durch den Staat beeinflusst wird und wo also, dem liberalen Recht auf Freiheit entsprechend, die Grenze legitimen staatlichen Handelns verläuft. Denn wie wir in der Einleitung klargemacht haben, ist der Liberalismus primär eine politische Philosophie, die sich als solche mit der Frage befasst, was der Staat tun darf oder unterlassen muss.

Im Folgenden werden wir also diskutieren, wer ausgehend von vier der fünf Freiheitsbegriffe, die wir dargestellt haben, die Adressat*innen des Rechts auf Freiheit sind und worauf diese Adressat*innen dann konkret verpflichtet werden. Nicht diskutieren werden wir, wie das Recht auf Freiheit konkret zu verstehen wäre, würden wir ihm den weiten Begriff negativer Freiheit zugrunde legen. Der Grund für diese Auslassung ist folgender: Wie wir oben dargelegt haben, kann die Freiheit einer Person A nach dem weiten Konzept negativer Freiheit nicht nur durch die Handlungen anderer Personen eingeschränkt werden, sondern auch durch natürliche Phänomene wie Wind und Wetter. Denn auch durch Wind und Wetter können A Handlungen unmöglich gemacht werden (etwa wenn der Wind einen Baum vor As Haustür stürzen lässt, so dass sie das Haus nicht mehr verlassen kann). Da, wie wir gerade festgehalten haben, alle Entitäten, die die Freiheit der Bürger*innen einschränken können, Adressat*innen des Rechts auf Freiheit sein sollen, würden also ausgehend vom weiten negativen Freiheitsbegriff auch Wind und Wetter Adressat*innen dieses Rechts. Doch Wind und Wetter sind ganz offenbar keine Akteur*innen im herkömmlichen Sinne und es wäre daher seltsam, ihnen Pflichten zuzusprechen. Um diese kontraintuitive Implikation auszuschließen, betrachten wir den weiten negativen Freiheitsbegriff nicht als sinnvolle Grundlage für das liberale Recht auf Freiheit. Überlegen wir stattdessen, wie das

Recht auf Freiheit aussähe, würde man ihm das enge Verständnis negativer Freiheit zugrunde legen.

Dem engen Konzept negativer Freiheit nach besteht As Freiheit darin, nicht von anderen Personen an Handlungen gehindert zu werden, die ihr ohne deren Intervention möglich wären. Ausgehend von diesem Freiheitsverständnis ist klar, dass sich die Bürger*innen untereinander in ihrer Freiheit einschränken können. Denn natürlich können sich die Bürger*innen wechselseitig an möglichen Handlungen hindern, etwa wenn eine Person A eine andere Person B einsperrt, Bs Meinungsäußerungen niederbrüllt oder Bs Eigentum stiehlt und ihr so dessen Nutzung unmöglich macht. Ebenso kann auch der Staat die Freiheit der Bürger*innen einschränken. Die Beispiele, die wir oben diskutiert haben, stellen dabei besonders offensichtliche Fälle von Freiheitseinschränkungen durch den Staat dar, weil hier der Staat direkt in die Möglichkeitsräume der Bürger*innen eingreift und ihnen durch Hausdurchsuchungen das Durchschlafen oder durch Propagandabeschallung das Spazierengehen unmöglich macht. Doch der Staat greift auch auf subtilere, aber einflussreiche Arten in das Handeln seiner Bürger*innen ein. Die wichtigste Art ist hierbei sicherlich die *Gesetzgebung*. Gesetze sind die Art und Weise, auf die Staaten primär aktiv werden, denn sofern eine staatliche Institution aktiv wird, tut sie dies (im Idealfall) auf Grundlage eines bestehenden Gesetzes. Gesetze können wir grundsätzlich als Vorschriften verstehen, d.h. als Richtlinien, die ihren Adressat*innen bestimmte Handlungsweisen vorschreiben und das Unterlassen dieser Vorschriften unter Strafe stellen. Zwar greifen Gesetze nicht direkt in die Handlungsmöglichkeiten ihrer Adressat*innen ein, da sie – als bloße Vorschriften – nicht dazu in der Lage sind, jemanden im Wortsinne an einer geplanten Handlung zu hindern. Dass es beispielsweise verboten ist, bei Rot über die Ampel zu gehen, hindert A nicht aktiv daran, bei Rot über die Ampel zu gehen – diese *einfache* Handlung ist A trotz eines sie verbietenden Gesetzes immer noch möglich. Doch Gesetze machen ihren Adressat*innen eine Vielzahl an korrespondierenden *komplexen* Handlungen unmöglich, nämlich gegen die gegebenen Gesetze zu verstoßen *und* keine Strafe fürchten zu müssen (vgl. Wendt 2009: 26 f.). D.h., wenn ein entsprechendes Gesetz erlassen ist, kann A zwar nach wie vor bei Rot über die Ampel gehen, aber sie kann nicht mehr bei Rot über die Ampel gehen, ohne eine Bestrafung zu riskieren. Betrachten wir also komplexe Handlungen der Art »gegen ein bestehendes Gesetz verstoßen, ohne dabei eine Bestrafung zu riskieren«, stellen wir fest, dass all diese Handlungen den Bürger*innen eines Staates durch dessen bestehende Gesetzgebung unmöglich gemacht werden. Libertäre Philosoph*innen betonen schließlich noch eine weitere Art, wie Staaten ihre Bürger*innen in ihrer Freiheit beschneiden, nämlich durch das Erheben von Steuern (vgl. dazu die libertäre Kritik am Liberalismus in Kapitel 5.3). Steuern zu erheben bedeutet jedoch nichts anderes, als den Bürger*innen einen Teil ihres Einkommens zu nehmen. Mit diesem Teil hätten die Bürger*innen, müssten sie ihn nicht als Steuer an den Staat abgeben, anders verfahren und ihn nach ihrem eigenen Gutdünken ausgeben können. Insofern hindert der Staat die Bürger*innen daran, diesen Teil ihres Einkommens nach ihrem eigenen Gutdünken auszugeben, und macht sie somit auch in dieser Hinsicht unfrei. Diese Einsicht wiegt besonders schwer, da der Staat Ressourcen braucht, um Gesetze erlassen und diese umsetzen zu können. Es müssen Beamt*innen angestellt und für ihre Arbeit bezahlt ebenso wie Gesetze gedruckt und bekanntgegeben und durch staatliche Institutionen – wie etwa die Gerichte oder die Polizei – durchgesetzt werden. All dies finanziert der Staat durch Steuern. Halten wir also fest, dass – im Rahmen eines engen Verständnisses von negativer Freiheit – die

Bürger*innen sich wechselseitig in ihrer Freiheit einschränken können und dass auch der Staat sie in ihrer Freiheit beschränken kann. Dementsprechend sind sowohl der Staat als Ganzes als auch die einzelnen Bürger*innen Adressat*innen des Rechts auf Freiheit.

Fragen wir uns nun, welchen Schranken staatliches Handeln unterliegt, wenn der Staat Adressat eines so verstandenen Rechts auf Freiheit ist. Auf den ersten Blick könnte man meinen, dass durch dieses Recht alles staatliche Handeln illegitim wird. Denn wie wir gerade dargelegt haben, handeln Staaten vor allem dadurch, dass sie Gesetze erlassen. Jeder Gesetzeserlass bedeutet indes eine Freiheitseinschränkung für die Bürger*innen, weil diesen dadurch die komplexe Handlung »gegen dieses Gesetz verstoßen, ohne dabei eine Bestrafung zu riskieren« unmöglich gemacht wird. Zudem können Gesetze nur durch die Erhebung von Steuern erlassen und durchgesetzt werden, wodurch die Bürger*innen ein weiteres Mal in ihrer Freiheit eingeschränkt werden, da sie Teile ihres Einkommens nicht mehr nach eigenem Gutdünken ausgeben können. Wie also soll ein liberaler Staat noch legitimerweise aktiv werden, ohne gegen das so verstandene Recht auf Freiheit seiner Bürger*innen zu verstoßen? Die Antwort auf diese Frage ergibt sich, wenn wir uns nochmals die Eigenheit des negativen Freiheitsbegriffs vor Augen führen. Dieser ist so weit gefasst, dass eigentlich jedes Handeln im öffentlichen Raum eine Freiheitseinschränkung für irgendjemanden darstellt: Sobald eine Person A einen bestimmten Platz im öffentlichen Raum einnimmt, macht sie es dadurch einer anderen Person B unmöglich, den gleichen Platz einzunehmen, und beschneidet dadurch B in ihrer Freiheit. D.h., wenn man das Recht auf Freiheit ausgehend vom engen Konzept negativer Freiheit entwickelt, verstoßen die Bürger*innen untereinander permanent gegen dieses Recht, weil sie sich untereinander durch ihre bloße Interaktion im öffentlichen Raum in ihrer Freiheit beschränken. Dies eröffnet nun die Möglichkeit für legitimes staatliches Handeln. Denn – wie Kant am Anfang der *Rechtslehre* seiner *Metaphysik der Sitten* richtig festhält – wenn »ein gewisser Gebrauch der Freiheit selbst ein Hindernis der Freiheit nach allgemeinen Gesetzen (d.i. unrecht) ist, so ist der Zwang, der diesem entgegengesetzt wird, als *Verhinderung* eines *Hindernisses der Freiheit* mit der Freiheit nach allgemeinen Gesetzen zusammen stimmend, d.i. recht« (Kant 1797: 231, Hervorhebung im Original). D.h., wenn der Staat durch seine Gesetzgebung Regeln für die Interaktion der Bürger*innen festlegt, die gewährleisten, dass sich diese nicht mehr wechselseitig in ihrer Freiheit einschränken, so stellt diese Gesetzgebung zwar selbst wieder eine Freiheitseinschränkung der Bürger*innen (oder mit Kants Worten: einen Zwang) dar, aber eine solche, die mit deren Recht auf Freiheit kompatibel ist, da sie lediglich gewährleistet, dass keine weiteren Übertretungen dieses Rechtes stattfinden. Würde der Staat nun beispielsweise ein Gesetz erlassen, das regelt, wer sich wie und wo an öffentlichen Plätzen niederlassen darf, wären der Erlass und die Durchsetzung dieses Gesetzes dadurch gerechtfertigt, dass es die Freiheit der Bürger*innen sicherstellt, sich gemäß diesem Gesetz im öffentlichen Raum zu bewegen und nicht ständig befürchten zu müssen, von anderen daran gehindert zu werden, dies oder jenes zu tun. Buchstabieren wir also das liberale Recht auf Freiheit vor dem Hintergrund eines engen Konzepts negativer Freiheit aus, so ist die Freiheitssicherung der Bürger*innen eine legitime Betätigung des liberalen Staates. D.h., der liberale Staat darf aktiv werden und Gesetze erlassen und durchsetzen, um sicherzustellen, dass sich die Bürger*innen nicht unzulässig in ihrer Freiheit einschränken. Allerdings ist dies auch schon alles, was ein so verstandener liberaler Staat darf. Denn jedes erlassene Gesetz stellt eine Freiheitseinschränkung der Bürger*innen dar und diese ist – diese Lesart des Rechts auf Freiheit vorausgesetzt – nur rechtens, wenn dadurch weitere Freiheitseinschränkungen verhindert werden. Verstehen wir das liberale Recht auf Freiheit in diesem Sinne, nimmt der liberale Staat die Form eines Nachtwächterstaats an, dessen einzige legitime Aufgabe in der Aufrechterhaltung der öffentlichen Sicherheit und Ordnung besteht.

Anders verhält es sich, wenn wir dem Recht auf Freiheit das Möglichkeitskonzept positiver Freiheit zugrunde legen. Nach diesem Freiheitsbegriff besteht die Freiheit einer Person A darin, nicht von anderen Personen an wertvollen Handlungen gehindert zu werden, die ihr ohne deren Intervention möglich gewesen wären. Die Freiheit einer Bürgerin A in diesem Sinne kann – wie schon im Verständnis von Freiheit als enger negativer Freiheit – sowohl von anderen Bürger*innen als auch vom Staat eingeschränkt werden, da sowohl andere Bürger*innen als auch der Staat A wertvolle Handlungen unmöglich machen können. Daher sind auch, wenn wir Freiheit im Sinne des Möglichkeitskonzepts positiver Freiheit verstehen, sowohl der Staat als auch die Bürger*innen Adressat*innen von As Recht auf Freiheit.

Nun müssen wir uns wieder fragen, welche Begrenzungen für staatliches Handeln folgen, wenn der Staat Adressat eines Rechts auf Freiheit ist, dem das Möglichkeitskonzept positiver Freiheit zugrunde liegt. Hierzu ist zuerst festzuhalten, dass die Freiheit der Bürger*innen ausgehend von diesem Freiheitsbegriff weniger häufig gefährdet ist als ausgehend von einem negativen Freiheitsbegriff. Denn As Freiheit wird nur eingeschränkt, wenn ihr wertvolle Handlungen unmöglich gemacht werden. Interaktionen im öffentlichen Raum, durch die A an Handlungen gehindert wird, die nicht wertvoll sind, stellen demnach keine Freiheitseinschränkungen dar, genauso wenig wie Gesetze, die A an wertlosen komplexen Handlungen hindern. Will der Staat sich also an das so verstandene Recht auf Freiheit halten, ist er nicht auf die Rolle des Nachtwächterstaats beschränkt. Zwar wird es weiterhin eine seiner legitimen Aufgaben sein, dafür zu sorgen, dass sich die Bürger*innen nicht wechselseitig in ihrer Freiheit einschränken. Aber darüber hinaus sind auch all diejenigen Gesetze legitim, die den Bürger*innen Handlungsoptionen nehmen, die nicht wertvoll sind. Wenn etwa die Bürgerschaft von S einstimmig beschließt, dass es keine wertvolle Handlung darstellt, seine Gesundheit leichtfertig zu riskieren, indem man keine minimale Krankenversicherung abschließt, könnte der Staat S seine Bürgerschaft per Gesetz zum Abschluss einer solchen Krankenversicherung verpflichten. Damit würde der Bürgerschaft zwar die komplexe Handlung unmöglich gemacht werden, sich nicht minimal zu versichern, ohne eine Bestrafung zu riskieren. Doch diese Handlung wurde von den Bürger*innen als wertlos erkannt, so dass es keine Freiheitseinschränkung durch den Staat darstellt, wenn ihnen die Möglichkeit zu dieser Handlung genommen wird. Buchstabieren wir das liberale Recht auf Freiheit also vor dem Hintergrund des Möglichkeitskonzepts positiver Freiheit aus, ist die Freiheitssicherung der Bürger*innen *eine* legitime Betätigung des liberalen Staates, aber nicht die einzige. Darüber hinaus kann der Staat aktiv werden und Gesetze erlassen, wenn dadurch der Möglichkeitsraum der Bürger*innen nur solcher Handlungsoptionen beraubt wird, die für die Bürger*innen selbst wertlos sind. Der Aktionsradius eines solchen liberalen Staates hängt also davon ab, ob in der Bürgerschaft Einigkeit darüber besteht, welche Handlungen wertvoll sind und welche nicht bzw. welche Handlungsoptionen ihnen genommen werden können, weil sie wertlos sind, und welche nicht.

Wie würde ein liberaler Staat aussehen, wenn wir dem Recht auf Freiheit das republikanische Freiheitskonzept zugrunde legen? Nach dem republikanischen Freiheitskonzept ist eine Person frei, wenn sie nicht beherrscht wird, d.h. wenn es keine andere Person bzw. Gruppe von Personen gibt, die ihre Handlungsmöglichkeiten willkürlich beschränken kann bzw. können. Je nachdem, wie robust wir dieses »können« verstehen, werden entweder nur der Staat oder auch die Bürger*innen zu Adressat*innen dieses Rechts. Natürlich hat der Staat umfassendere Möglichkeiten, die Handlungsspielräume der Bürger*innen zu beschränken, als die einzelnen Bürger*innen untereinander. Da es zudem sinnvoll ist, das republikanische Freiheitskonzept so zu deuten, dass es nach robusten Eingriffsmöglichkeiten verlangt (da es anderenfalls, ähnlich wie das enge negative Freiheitskonzept, Gefahr läuft, zu viele Interaktionen als Freiheitseinschränkungen zu werten), gehen wir im Folgenden davon aus, dass das republikanisch verstandene Recht auf Freiheit nur den Staat gegenüber der Bürgerschaft in die Pflicht nimmt.

Welche Begrenzungen für staatliches Handeln folgen aus einem so verstandenen Recht auf Freiheit? Wie im Falle derjenigen Version des Rechts auf Freiheit, die auf dem Möglichkeitskonzept positiver Freiheit aufbaut, resultiert staatliches Handeln nicht automatisch in einer Freiheitseinschränkung für die Bürger*innen. Denn obwohl es dem Staat grundsätzlich möglich ist, den Bürger*innen durch seine Gesetzgebung komplexe Handlungen unmöglich zu machen, stellt Gesetzgebung nur dann eine Freiheitseinschränkung dar, wenn sie willkürlich erfolgt. Beschränkt sich der Staat darauf, Gesetze im Sinne der Bürger*innen zu erlassen, stellt die Tatsache, dass er die robuste Möglichkeit hat, ihren Handlungsspielraum zu beeinflussen, also keinen Verstoß gegen ihr republikanisch verstandenes Recht auf Freiheit dar. Ein liberaler Staat, der seiner Bürgerschaft ein so verstandenes Recht auf Freiheit zuspricht, wird also auch mehr als ein bloßer Nachtwächterstaat sein. Ähnlich wie im Falle eines Rechts auf Freiheit, dem das Möglichkeitskonzept positiver Freiheit zugrunde liegt, wird der Aktionsradius eines republikanisch liberalen Staats dadurch begrenzt, welche Gesetzgebung seitens des Staates die Bürgerschaft als in ihrem Sinne ansieht – denn eine solche Gesetzgebung mag ihr zwar die Möglichkeit zu bestimmten komplexen Handlungen nehmen, doch dass der Staat diese Möglichkeit hat, schränkt die Bürgerschaft nicht in ihrer republikanisch verstandenen Freiheit ein. Wichtig ist ferner, dass den Bürger*innen ein hinreichendes Maß an Partizipation und Kontrolle gegenüber der Gesetzgebung zukommt. Denn dadurch wird sichergestellt, dass der Staat nicht willkürlich Gesetze erlassen kann. Dies würde, wie oben erwähnt, die Freiheit der Bürger*innen gemäß der republikanischen Auffassung einschränken.

Betrachten wir abschließend, wie ein liberaler Staat aussehen würde, der das Recht auf Freiheit nach dem Ausübungskonzept positiver Freiheit interpretiert. Nach diesem Konzept ist eine Person A frei, wenn sie selbständig handelt, d.h. wenn sie Handlungen vollzieht, die sie selbst als wertvoll ansieht. Ausgehend von diesem Freiheitsbegriff gibt es zwei verschiedene Arten, wie B eine andere Person A unfrei machen kann: In jedem Fall muss B A am Vollzug von Handlungen hindern, die A als wertvoll ansieht. Doch B kann dies entweder dadurch tun, dass sie A die relevanten Handlungsmöglichkeiten verstellt, oder indem sie A der Fähigkeiten beraubt, die relevanten Handlungsmöglichkeiten zu ergreifen. An einem Beispiel illustriert: Nehmen wir an, für A stellt das Reisen eine wertvolle Aktivität dar, so dass A – gemäß dem Ausübungskonzept positiver Freiheit – frei wäre, würde sie reisen. Die Diktatorin kann A nun entweder dadurch unfrei machen, dass sie A die Möglichkeit zu reisen verstellt, etwa indem sie A ins Gefängnis werfen lässt oder eine unerfüllbare Visa-Regelung beschließt, oder aber indem sie A der Fähigkeiten beraubt, vorhandene Reisemöglichkeiten zu nutzen, etwa indem sie A körperlich so verletzen lässt, dass A nicht mehr länger allein unterwegs sein kann. Weil Einschränkungen der letzten Art robuste Eingriffsmöglichkeiten voraussetzen, adressiert das Recht auf Freiheit, wenn wir ihm das Ausübungskonzept positiver Freiheit zugrunde legen, eher den Staat als die Bürger*innen untereinander.

Wie sieht ein liberaler Staat aus, wenn er auf einem so verstandenen Recht auf Freiheit aufbaut? Einerseits ähnelt er dem liberalen Staat, der resultiert, wenn man das Recht auf Freiheit im Sinne des Möglichkeitskonzepts positiver Freiheit interpretiert. Denn wieder stellt nicht jedes staatliche Aktivwerden eine Freiheitseinschränkung für die Bürger*innen dar: Solange der Staat Sorge dafür trägt, dass den Bürger*innen durch seine Gesetzgebung keine wertvollen Handlungen unmöglich gemacht werden, kann er agieren, ohne gegen ihr Recht auf Freiheit zu verstoßen. Andererseits ist ein liberaler Staat, der das Recht auf Freiheit auf ein Ausübungskonzept gründet, seinen Bürger*innen in zusätzlicher Weise verpflichtet. Denn er muss sicherstellen, dass seine Gesetzgebung den Bürger*innen nicht nur keine wertvollen Handlungsmöglichkeiten nimmt, sondern sie auch nicht ihrer Fähigkeiten beraubt, wertvolle Handlungsmöglichkeiten zu ergreifen. Wenn beispielsweise die institutionelle Ordnung eines Staates dazu führt, dass die Bürger*innen bestimmte kognitive Fähigkeiten nicht ausprägen und nicht mehr erkennen können, was wertvolle Handlungsmöglichkeiten sind, oder nicht die psychologische Stärke entwickeln, diese zu ergreifen und stringent zu verfolgen, so verstößt diese Ordnung gegen das Recht auf Freiheit der Bürger*innen. Ein liberaler Staat, der das Recht auf Freiheit auf das Ausübungskonzept positiver Freiheit stützt, muss also nicht nur darauf achten, dass sich seine Bürgerschaft darüber einig ist, welche Handlungsmöglichkeiten wertvoll sind und ihr daher offenstehen sollten; zudem muss er Sorge dafür tragen, die Fähigkeiten, die die Bürger*innen brauchen, um überhaupt wertvolle Handlungsmöglichkeiten ergreifen zu können, mit seiner Gesetzgebung nicht zu untergraben.

Bisher haben wir gezeigt, dass sich ausgehend davon, welche Auffassung von Freiheit wir dem liberalen Recht auf Freiheit zugrunde legen, unterschiedliche liberale Staaten ergeben: vom Nachtwächterstaat, der über seine Gesetzgebung nur sicherstellen darf, dass sich die Bürger*innen nicht wechselseitig in ihrer Freiheit einschränken (enge negative Freiheit), über Staaten, deren Handlungsspielraum deutlich größer ist, da ihre Gesetzgebung den Handlungsspielraum der Bürger*innen beschränken darf, sofern den Bürger*innen dadurch nur wertlose Handlungsmöglichkeiten genommen werden (Möglichkeitskonzept positiver Freiheit) bzw. sofern die Bürger*innen erkennen, dass dies in ihrem Sinne geschieht und sie also nicht der Willkür des Staates ausgeliefert sind (republikanische Freiheit), bis hin zu einem Staat, der sowohl den Handlungsspielraum der Bürger*innen beschränken darf, sofern diese dadurch keine wertvollen Handlungsmöglichkeiten verlieren, als auch sicherstellen muss, dass die Bürger*innen durch seine Gesetzgebung nicht der Fähigkeit beraubt werden, wertvolle Handlungsmöglichkeiten zu ergreifen (Ausübungskonzept positiver Freiheit). Diese Zusammenschau bildet die Grundlage, auf der wir zu der Frage zurückkehren können, die wir am Ende von Kapitel 2.1 unbeantwortet gelassen haben, nämlich: Welches Konzept von Freiheit ist das richtige? In Kapitel 2.1 hatten wir festgehalten, dass wir diese Frage nicht nach dem Maßstab der Intuitivität beantworten können, da jedes der vorgestellten Freiheitskonzepte auch kontraintuitive Aspekte hat. Stattdessen sollte man sich für denjenigen Freiheitsbegriff entscheiden, der sich im Lichte seiner praktischen Konsequenzen als am sinnvollsten herausstellt. Konkreter ausgedrückt: Welches Freiheitskonzept erscheint am sinnvollsten, nun da wir gesehen haben, in welchen Staaten das liberale Recht auf Freiheit ausgehend von den verschiedenen Freiheitskonzepten resultieren würde? Diese Frage lässt sich nicht abschließend beantworten. *Klar ist aber, dass die liberalen Theorien, die wir in Kapitel 3 diskutieren werden, das Möglichkeitskonzept positiver Freiheit wählen, denn sie alle räumen dem Staat eine umfassendere Rolle ein als die eines bloßen Nachtwächterstaats.* Allerdings wird zwischen den verschiedenen liberalen Theorien Dissens darüber bestehen, welche Handlungen als wertvoll anzusehen sind, so dass der liberale Staat sie seinen Bürger*innen nicht unmöglich machen darf. Wie genau dieser Dissens aussieht und zu welchen Formen des Liberalismus er führt, stellen wir in Kapitel 3.2 dar. Dort diskutieren wir ebenfalls eine Frage, die wir in diesem Kapitel noch nicht behandelt haben, nämlich warum der Liberalismus überhaupt glaubt, dass den Bürger*innen ein Recht auf Freiheit zukommt.

3. Formen des Liberalismus

Wie in der Einleitung dargestellt, bildet der Liberalismus in der politischen Philosophie eine umfangreiche Tradition. Verschiedene Texte dieser Tradition – wie etwa Lockes *Abhandlungen über die Regierung* aus der Neuzeit oder Rawls' *Theorie der Gerechtigkeit* vom Ende des 20. Jahrhunderts – sind sehr wirkmächtig geworden, doch es würde den Rahmen eines Einführungsbuchs sprengen, diese wichtigen Ansätze im Detail darzustellen. Stattdessen wollen wir in diesem Kapitel verschiedene Formen vorschlagen, mit denen sich liberale Theorien kategorisieren lassen.

Was liberale Theorien eint, haben wir im vorangegangenen Kapitel dargestellt, nämlich dass sie den Bürger*innen das Recht auf Freiheit zusprechen. Liberale Theorien unterscheiden sich nun zum einen darin, wie sie dieses abstrakte Recht für die konkrete politische Praxis greifbar machen, d.h. *wie sie dieses Recht operationalisieren.* Der sogenannte *Rechteliberalismus* buchstabiert das Recht auf Freiheit in konkrete Einzelrechte – etwa das Recht auf körperliche Unversehrtheit, das Recht auf Eigentum und das Recht auf Widerstand gegen eine illegitime politische Ordnung – aus; der sogenannte *Rechtfertigungsliberalismus* schlägt dagegen lediglich ein abstraktes Verfahren vor, mit dessen Hilfe die Bürgerschaft selbst ermitteln muss, wo die Demarkationslinie legitimen staatlichen Handelns genau verläuft, d.h. welche Handlungen der Staat vollziehen kann, ohne gegen ihr Recht auf

Freiheit zu verstoßen. Zum anderen unterscheiden sich liberale Ansätze hinsichtlich der Frage, *ob das Recht auf Freiheit einer eigenständigen Begründung bedarf* und, falls ja, ob diese Begründung unter Rückgriff auf Werte erfolgen darf, die die Bürger*innen auf ein gewisses Selbstverhältnis festlegen. Unter »Selbstverhältnis« verstehen wir hier substanzielle Annahmen darüber, was Menschen tun bzw. wie sie leben sollten, also ob sie etwa ihre Talente entwickeln sollten oder nicht, einer Religion angehören sollten oder nicht, Freundschaften pflegen sollten oder nicht etc. Nach dem sogenannten *politischen Liberalismus* ist eine eigenständige Rechtfertigung des Rechts auf Freiheit nicht notwendig und wäre sogar politisch problematisch, weil sich dadurch für den Staat umfassendere Handlungsmöglichkeiten ergäben, als viele liberale Autor*innen diesem zugestehen wollen. *Perfektionistische Liberale* nehmen die Ausweitung staatlicher Befugnisse dagegen gern in Kauf, wenn dadurch gewährleistet wird, dass das Recht auf Freiheit – immerhin die normative Grundannahme des Liberalismus – solide begründet ist.

Die soeben eingeführten Kategorien stellen Idealtypen dar. Die konkreten Ansätze, die wir diskutieren, verwirklichen die Merkmale dieser Kategorien mal mehr, mal weniger umfassend. Dies spricht aber nicht dagegen, sie auf diese Weise zusammenzufassen, sondern zeigt nur, dass die Kategorien die für sie kennzeichnenden Merkmale überspitzt – eben idealtypisch – präsentieren.

3.1 Rechte- und Rechtfertigungsliberalismus

In Kapitel 2 haben wir vorausgesetzt, dass liberale Staaten ihren Bürger*innen das Recht auf Freiheit zusprechen, um dann darzustellen, auf welch unterschiedliche Arten dieses Recht ausbuchstabiert werden kann. Dabei wurde klar, dass ein liberaler Staat in seinen eigenen Handlungs- und Gestaltungsmöglichkeiten massiv beschnitten wird, wenn dem Recht auf Freiheit das Möglichkeitskonzept negativer Freiheit zugrunde gelegt wird. Ausgehend von dieser Version des Rechts auf Freiheit kann der Staat nämlich nur dann rechtmäßig handeln (d.h. Steuern erheben, Gesetze erlassen und die Beachtung der Gesetze durchsetzen), wenn es um die Freiheitssicherung der Bürger*innen untereinander geht. Denn vor dem Hintergrund dieses Freiheitsverständnisses gilt jede staatliche Handlung als Beschränkung der Freiheit der Bürger*innen und damit potenziell als Verstoß gegen deren Recht auf Freiheit; rechtmäßig kann staatliches Handeln daher nur dann sein, wenn es (obwohl selbst immer eine Freiheitseinschränkung für die Bürger*innen) dazu dient, weitere Freiheitseinschränkungen zu verhindern.

Da die meisten Autor*innen der liberalen Tradition den Handlungsradius des Staats nicht derart drastisch einschränken wollen, legen sie ihrer Version des Rechts auf Freiheit stattdessen das Möglichkeitskonzept positiver Freiheit zugrunde. Ausgehend von diesem Freiheitsverständnis sind all diejenigen staatlichen Handlungen legitim, die den Bürger*innen keine Handlungsmöglichkeiten nehmen, welche für die Bürger*innen wertvoll sind. Alle wertlosen Handlungen kann der Staat dagegen aus dem Möglichkeitsraum der Bürger*innen entfernen (etwa indem er sie verbietet), ohne ihre Freiheit dadurch zu beschneiden und somit gegen ihr Recht auf Freiheit zu verstoßen. Wir können also festhalten: *Die Grenzen legitimen staatlichen Handelns verlaufen im Liberalismus entlang der Demarkationslinie »wertvolle/wertlose Handlungsmöglichkeiten der Bürger*innen« – Erstere darf der Staat den Bürger*innen nicht unmöglich machen, Letztere schon.*

Einerseits ist mit dieser Feststellung eindeutig umrissen, was ein liberaler Staat tun darf und was nicht. Andererseits ist diese

Charakterisierung zu abstrakt, um wirklich erhellend zu sein. Denn welche Handlungsmöglichkeiten der Bürger*innen sind wertvoll und welche wertlos, d.h., *wo verläuft die Demarkationslinie legitimen staatlichen Handelns für den Liberalismus konkret*? Auf diese Frage haben Autor*innen der liberalen Tradition zwei unterschiedliche Antworten gefunden: Entweder sie legen die Demarkationslinie fest, indem sie das Recht auf Freiheit in *konkretere Einzelrechte* ausbuchstabieren (so dass dann verschiedene Typen wertvoller Handlungen durch diese Einzelrechte jeweils explizit geschützt werden), oder sie bestimmen stattdessen ein *abstraktes Verfahren*, anhand dessen dann ermittelt werden kann, welche Handlungsmöglichkeiten für die Bürger*innen wertvoll bzw. wertlos sind und ihnen dementsprechend durch den Staat nicht unmöglich gemacht bzw. durchaus verboten werden dürfen. Die erste Strömung bezeichnen wir im Folgenden als *Rechteliberalismus*, da er das Recht auf Freiheit auf konkretere Einzelrechte zurückführt. Die zweite nennen wir dagegen *Rechtfertigungsliberalismus*, da hier eine enge Verbindung zwischen der Rechtfertigung einer staatlichen Handlung vor den Bürger*innen und dem Respekt vor deren Recht auf Freiheit besteht, die wir im Folgenden genauer darlegen werden. Neben dem Rechte- und dem Rechtfertigungsliberalismus gibt es zudem eine *Zwischenform*, deren Anhänger*innen sich zwar offiziell auf die Seite des Rechtfertigungsliberalismus schlagen, dann aber zusätzlich doch konkrete Einzelrechte postulieren, weil sie meinen, diese seien allgemein rechtfertigbar. Im Folgenden werden wir Beispiele für diese unterschiedlichen Unterströmungen des Liberalismus diskutieren.

Ein Beispiel für den Rechteliberalismus findet sich (wenngleich mit einer Einschränkung, auf die wir weiter unten zu sprechen kommen) in Lockes *Zweiter Abhandlung über die Regierung* aus dem Jahr 1689. Hier behauptet Locke, dass sich die Menschen »von Natur aus« in einem »Zustand vollkommener Freiheit« befinden, »innerhalb der Grenzen des Gesetzes der Natur ihre Handlungen zu regeln und über ihren Besitz und ihre Persönlichkeit so zu verfügen, wie es ihnen am besten scheint, ohne dabei jemanden um Erlaubnis zu bitten oder vom Willen eines anderen abhängig zu sein« (Locke 1689a: § 4). Hier also spricht Locke den Menschen das Recht (genauer gesagt: das Naturrecht) auf Freiheit zu. Diese Festlegung weist Locke als Liberalen aus, doch damit sie praktisch relevant werden kann, muss sie noch weiter ausbuchstabiert werden. Denn wie wir in der Einleitung zu diesem Kapitel festgehalten haben, ist es schlicht zu allgemein zu behaupten, dass Personen nicht in ihrer Freiheit behindert und ihnen also nicht wertvolle Handlungen unmöglich gemacht werden dürfen. Locke muss daher erklären, was genau die Personen, denen dieses Recht zukommt, dürfen bzw. unterlassen müssen. Hierzu hält er fest, dass »niemand einem anderen, da alle gleich und unabhängig sind, an seinem Leben und Besitz [...] Schaden zufügen soll« (Locke 1689a: § 6). Anders ausgedrückt: *Locke führt das Recht auf Freiheit auf die konkreteren Rechte auf Leben und auf Besitz zurück: Er operationalisiert Erstes durch Letztere.* Eine andere Person in ihrer Freiheit zu respektieren heißt demnach, ihr Leben und ihren Besitz nicht zu gefährden.

Indem Locke das Recht auf Freiheit durch das Recht auf körperliche Unversehrtheit und das Recht auf Eigentum näher bestimmt, hat seine Theorie den Vorteil, dass alle Akteur*innen konkret wissen, was sie tun müssen, um ihre Freiheit wechselseitig ernst zu nehmen. Dies gilt natürlich auch für den Staat, der bei Locke ebenfalls Adressat des Rechts auf Freiheit der Individuen ist. Um das Freiheitsrecht seiner Bürger*innen zu respektieren, darf der Staat diese nicht körperlich misshandeln und muss ihr Eigentum unangetastet lassen. Mit Lockes eigenen

Worten: Zweck des Staates ist, »daß Gesetze erlassen und Regeln festgelegt werden, um das Eigentum aller Glieder der Gesellschaft zu bewachen und zu beschützen und so die Gewalt und die Herrschaft jedes Teils und Gliedes der Gesellschaft zu beschränken und zu mäßigen« (Locke 1689a: § 222). Erfüllt der Staat diesen Zweck nicht, haben die Bürger*innen nach Locke das Recht, die bisherige Legislative bzw. Exekutive – notfalls auch mit Gewalt, denn »ungerechter und ungesetzlicher Gewalt darf Gewalt entgegengesetzt werden« (Locke 1689a: § 204) – abzusetzen und eine neue Regierung zu berufen. Locke buchstabiert das Recht auf Freiheit der Bürgerschaft also nicht nur in deren Recht auf körperliche Unversehrtheit und Eigentum, sondern auch in ein Widerstandsrecht gegen den Souverän aus.

Obwohl Locke den Bürger*innen und dem Staat durch diese Rechte eine Handlungsanleitung gibt, die konkreter ist als das Recht auf Freiheit, gibt es einige Passagen in seinem Werk, an denen es diesen Vorteil wieder einzubüßen droht. Denn verschiedentlich spricht Locke davon, dass die Bürger*innen neben dem Recht auf körperliche Unversehrtheit und Eigentum auch das Recht auf Freiheit haben. Tatsächlich heißt es an der oben bereits angeführten zentralen Stelle in § 6, dass man anderen nicht nur nicht an ihrem Besitz und ihrer Gesundheit, sondern auch nicht hinsichtlich ihrer Freiheit schaden darf. An dieser Stelle scheint es also, als würde Locke das Recht auf Freiheit nicht durch die beiden Rechte auf körperliche Unversehrtheit und Eigentum konkretisieren, sondern als käme Ersteres zu Letzteren hinzu. Insofern stellt Lockes Theorie zwar ein berühmtes, aber kein unbestreitbares Beispiel für einen reinen Rechteliberalismus dar.

Für ein eindeutigeres Beispiel können wir das Grundgesetz der Bundesrepublik Deutschland betrachten. Hier heißt es in Artikel 2, dass jede Bundesbürger*in das Recht auf die freie Entfaltung ihrer Persönlichkeit hat, soweit sie nicht gegen die Rechte anderer oder die verfassungsmäßige Ordnung verstößt (Absatz 1), bzw. dass ihrer Freiheit nur durch Gesetze Grenzen gesetzt werden kann (Absatz 2). Die Freiheit der Bürger*innen wird also konkret durch das Grundgesetz bzw. die weiteren Gesetze der Bundesrepublik festgelegt: Sie dürfen alles tun, was nicht durch geltendes Recht verboten ist. Da das geltende Recht der Bundesrepublik mehr Richtlinien umfasst als Lockes Recht auf körperliche Unversehrtheit und sein Recht auf Besitz, ist die bundesrepublikanische Version des Rechteliberalismus ungleich komplexer als Lockes. Doch dies ändert nichts am theoretischen Befund, dass hier das Recht auf Freiheit durch konkrete Rechte – nämlich durch das geltende Recht der Bundesrepublik – expliziert wird.

Im Gegensatz zum Rechteliberalismus sprechen sich Anhänger*innen des Rechtfertigungsliberalismus, wie oben dargestellt, für ein anderes Vorgehen aus. *Anstatt das Recht auf Freiheit in einzelne Freiheitsrechte zu überführen, fordern sie die allgemeine Rechtfertigbarkeit staatlichen Handelns vor allen Bürger*innen, da dieses abstrakte Verfahren sicherstellen soll, dass die daraus resultierenden Gesetze das Recht der Bürger*innen auf Freiheit respektieren.* Doch wie genau müssen wir uns den Zusammenhang zwischen der Rechtfertigbarkeit staatlichen Handelns und dem Recht auf Freiheit der Bürger*innen vorstellen? Zur Erinnerung: Um den Spielraum staatlichen Handelns nicht unnötig zu begrenzen, verstehen liberale Ansätze Freiheit im Sinne des Möglichkeitskonzepts positiver Freiheit. Will der Staat das Recht der Bürger*innen auf Freiheit in diesem Sinne respektieren, darf er ihnen durch seine Gesetzgebung nur Handlungsmöglichkeiten nehmen, die für niemanden wertvoll sind. Ein Verfahren, um herauszufinden, ob eine konkrete Handlungsmöglichkeit für die Bürger*innen wertvoll ist oder nicht, besteht darin zu prüfen, ob sie einem Gesetz, das ihnen diese Möglichkeit rauben würde, zustimmen würden, d.h. ob der Verlust dieser Möglichkeit vor ihnen rechtfertigbar wäre. Denn dem Verlust einer wertvollen Handlungsmöglichkeit würden die Bürger*innen sicher nicht zustimmen. Wenn ein Gesetz vor allen Bürger*innen rechtfertigbar ist, bedeutet das also, dass niemandem durch diesen staatlichen Eingriff wertvolle Handlungsmöglichkeiten genommen werden. Anders ausgedrückt: Ist ein Gesetz vor allen Bürger*innen rechtfertigbar, ist es mit ihrem Recht auf Freiheit vereinbar.

Bevor wir nun darstellen, wie sich verschiedene Ansätze des Rechtfertigungsliberalismus den Zusammenhang zwischen der Rechtfertigbarkeit eines Gesetzesvorhabens und dem Recht auf Freiheit der Bürger*innen zunutze machen, müssen wir zuerst klären, was genau der Rechtfertigungsliberalismus unter »vor allen Bürger*innen rechtfertigbar« versteht. Grundsätzlich ist ein Gesetz vor allen Bürger*innen rechtfertigbar, wenn alle Bürger*innen einsehen könnten, dass das geplante Gesetz sinnvoll ist und erlassen werden sollte. Aber es gibt drei Lesarten, die Wendung »alle Bürger*innen könnten einsehen, dass das geplante Gesetz sinnvoll ist und erlassen werden sollte« zu interpretieren:

(1) Nach der *de-facto-Lesart* ist ein Gesetzesvorhaben vor allen Bürger*innen rechtfertigbar, wenn diese *vor dem Hintergrund der Überzeugungen, die sie tatsächlich haben*, einsehen, dass das geplante Gesetz sinnvoll ist und erlassen werden sollte.

(2) Die zweite Lesart nimmt im Vergleich zur ersten eine Idealisierung vor. Denn nach dieser Lesart ist ein Gesetzesvorhaben vor allen Bürger*innen rechtfertigbar, wenn diese *vor dem Hintergrund ihrer passend bereinigten Überzeugungen* einsehen würden, dass das geplante Gesetz sinnvoll ist und erlassen werden sollte. Als passend bereinigt gelten die Überzeugungen der Bürger*innen dann, wenn sie gewissen allgemeinen Rationalitätsstandards entsprechen. Die Bürger*innen sollten z.B.

kein inkonsistentes Überzeugungssystem haben, d.h., sie sollten nichts Widersprüchliches glauben; zudem sollten sie ihre Überzeugungen »zu Ende denken«, d.h. möglichst weitreichend ausbuchstabieren, was aus dem, wovon sie bereits überzeugt sind, folgt; auch dürfen ihre Überlegungen keinen psychologischen Verzerrungen unterliegen und etwa ihren eigenen Interessen und Bedürfnissen ohne Grund mehr Gewicht zukommen lassen als denen anderer Personen.

(3) Während die ersten beiden Lesarten die Überzeugungen der Bürger*innen als Ausgangspunkt für die Rechtfertigung von Gesetzesvorhaben akzeptieren, ist die dritte völlig davon losgelöst. Denn nach dieser Lesart ist ein Gesetzesvorhaben vor allen Bürger*innen rechtfertigbar, wenn diese *vor dem Hintergrund der Überzeugungen, die sie gemäß dem jeweiligen philosophischen Ansatz haben sollten*, einsehen, dass das geplante Gesetz sinnvoll ist und erlassen werden sollte. Dabei ist es gleichgültig, ob die Bürger*innen tatsächlich über die Überzeugungen, die vom jeweiligen philosophischen Ansatz als Ausgangsbasis für ihr Urteil gefordert werden, verfügen oder diese durch den unter (2) dargestellten Prozess der Bereinigung erlangen könnten.

Um deutlich zu machen, auf welche dieser drei Lesarten sich der Rechtfertigungsliberalismus einlassen sollte, wollen wir kurz ihre Vor- und Nachteile diskutieren. Der Vorteil der de-facto-Lesart (1) ist, dass sie die Bürger*innen so ernst nimmt, wie sie wirklich sind. Denn nach dieser Lesart muss sich ein Gesetzesvorhaben vor den realen Bürger*innen bewähren und nicht vor ihren idealisierten oder gar abstrahierten Abziehbildern. Im Gegenzug kann die de-facto-Lesart aber nicht sicherstellen, dass ein Gesetzesvorhaben, das vor der Bürgerschaft in diesem Sinne rechtfertigbar ist, auch wirklich deren Recht auf Freiheit respektiert. Damit Letzteres der Fall ist, müsste das Gesetzesvorhaben den Bürger*innen nur wertlose Handlungsmöglichkeiten nehmen; doch wenn die Bürger*innen über diese Frage vor dem Hintergrund ihrer de-facto-Überzeugungen urteilen, können sie sich bei der Beurteilung irren. Denn viele Menschen haben falsche, inkonsistente oder nicht hinreichend geklärte Überzeugungen. Ein weiterer Nachteil der de-facto-Lesart ist, dass diese kaum praktisch umsetzbar ist. Denn jedes Gesetzesvorhaben müsste Gegenstand einer Volksabstimmung sein und dürfte nur durchgesetzt werden, wenn es einstimmig verabschiedet wurde. Anderenfalls würde nämlich das Recht auf Freiheit derjenigen Bürger*innen, die dem Gesetzesvorhaben nicht zugestimmt haben, nicht respektiert.

Die abstrahierende Lesart (3) kann auf die Nachteile der de-facto-Lesart reagieren. Zum einen sind vor ihrem Hintergrund wirkliche Volksabstimmungen über Gesetze nicht notwendig. Denn in wirklichen Volksabstimmungen berät sich die reale Bürgerschaft, doch vor dieser müssen Gesetze der abstrahierenden Lesart zufolge gar nicht bestehen. Nach ihrem Verständnis kann man ohne die reale Befragung der Bürgerschaft ermitteln, ob ein Gesetz vor dieser rechtfertigbar ist, sofern man nur weiß, über welche Überzeugungen diese verfügen sollte. Falls das Set an Überzeugungen, über welche die Bürgerschaft verfügen sollte, korrekt wiedergibt, welche Handlungsmöglichkeiten wertvoll sind, stellt die abstrahierende Lesart zudem sicher, dass die geplanten Gesetze das Recht auf Freiheit der Bürger*innen respektieren. Der Nachteil dieser Lesart ist, dass die Bürger*innen dies unter Umständen niemals einsehen können. Dies wäre der Fall, wenn die Überzeugungen, die der Rechtfertigungsliberalismus als Ausgangsbasis für die Rechtfertigung eines Gesetzes zugrunde legt, sich zu sehr von denen unterscheiden, die die Bürger*innen de facto haben, und sich die Bürger*innen diese Ausgangsbasis auch nicht durch eine Bereinigung ihrer de-facto-Überzeugungen erschließen können. Vor- und Nachteile der de-facto- und der abstrahierenden Lesart sind also komplementär, d.h., die Stärke der einen ist jeweils die Schwäche der anderen.

Die idealisierende Lesart (2) versucht zwischen diesen Stärken und Schwächen zu vermitteln. Einerseits geht sie nicht von der realen Bürgerschaft aus, sondern fordert, dass Gesetze vor einer idealisierten Version derselben bestehen müssen. Doch diese idealisierte Version ist eine, die für die reale Bürgerschaft noch erreichbar ist. Denn um der idealisierenden Lesart zu entsprechen, müssen die Bürger*innen die Überzeugungen, die sie bereits haben, nach allgemeinen Rationalitätsstandards bereinigen und nicht von einer alternativen argumentativen Ausgangsbasis starten, wie es die abstrahierende Lesart fordert. Zugespitzt ausgedrückt müssen die Bürger*innen zwar besser, aber nicht vollkommen anders sein. Dass Gesetzesvorhaben vor den bereinigten Überzeugungen der Bürgerschaft bestehen müssen, stellt zudem sicher, dass ihre Beurteilung nicht den dargestellten möglichen intellektuellen Fehlern und psychologischen Verzerrungen unterliegt. Nicht sichergestellt ist damit jedoch, dass die Beurteilung richtig wiedergibt, ob ein Gesetzesvorhaben das Recht auf Freiheit der Bürger*innen respektiert. Denn die von der idealisierten Lesart geforderte Bereinigung kann nur Widersprüchlichkeiten innerhalb der Überzeugungssets der Bürger*innen auflösen, nicht aber deren generelle Wahrheit garantieren. Andererseits erlaubt es die Idealisierung dem Rechtfertigungsliberalismus, unter bestimmten Vorannahmen auf reale Volksabstimmungen über jedes Gesetzesvorhaben zu verzichten. Zwar setzen Anhänger*innen dieser Lesart – anders als Anhänger*innen der abstrahierenden Lesart – nicht einfach voraus, dass die Bürger*innen ein bestimmtes Überzeugungsset als Ausgangsbasis für die Überprüfung konkreter Gesetze haben. Aber Anhänger*innen der idealisierenden Lesart nehmen an, dass die Bürger*innen, wenn sie ihre de-facto-Überzeugungen auf die dargestellte Weise bereinigen, ein bestimmtes Set an Überzeugungen teilen werden. Ausgehend von dieser Annahme erübrigen sich reale Volksabstimmungen, denn die Beurteilung von Gesetzesvorhaben erfolgt vor diesem idealisierten Set an Überzeugungen. Weil die idealisierende Lesart die Vor- und Nachteile der beiden anderen zumindest teilweise aufhebt, legen sich die meisten Anhänger*innen des Rechtfertigungsliberalismus auf diese fest.[2] Betrachten wir nun vor dem Hintergrund der idealisierenden Lesart von Rechtfertigbarkeit ein paar konkrete Varianten des Rechtfertigungsliberalismus.

Als historisches Beispiel für den Rechtfertigungsliberalismus lassen sich Rousseaus Überlegungen aus seinem *Gesellschaftsvertrag* von 1762 heranziehen. Rousseau beginnt diese Schrift mit der berühmt gewordenen Feststellung, es sei um die Freiheit der Menschen nicht gut bestellt: »Der Mensch ist frei geboren, und überall liegt er in Ketten.« (Rousseau 1762: 5) Rousseau stellt mit dieser Feststellung nicht nur eine deskriptive Behauptung auf, d.h., er behauptet nicht nur, es sei der Fall, dass Menschen frei geboren werden und diese Freiheit dann im Laufe ihres Lebens einbüßen. Vielmehr haben die Menschen nach Rousseau auch ein Recht auf Freiheit. Dies zeigt sich an dem grundlegenden Problem, auf das der Gesellschaftsvertrag Rousseau zufolge antworten muss: »Finde eine Form des Zusammenschlusses, die mit ihrer ganzen gemeinsamen Kraft die Person [...] verteidigt und schützt, und durch die doch jeder [...] nur sich selbst gehorcht und genauso frei bleibt wie zuvor.« (Rousseau 1762: 17) Für Rousseau muss der Staat also darauf achten, dass die Bürger*innen frei sind.

Damit steht Rousseau vor dem Problem, das wir oben als die zentrale Herausforderung für alle liberalen Staatsentwürfe identifiziert haben. Denn wie soll ein Staat einerseits Gesetze erlassen und damit seinen Bürger*innen Handlungsmöglichkeiten nehmen und also ihre Freiheit beschränken, andererseits aber ihre Freiheit achten? Rousseaus Antwort ist, dass die Gesetze der *volonté générale*, dem sogenannten Gemeinwillen, entsprechen müssen. Dabei ist der Gemeinwille der Wille einer jeden Bürger*in, sofern er auf »das öffentliche Wohl abzielt« (Rousseau 1762: 30). Weil jede Bürger*in Teil des Gemeinwesens ist und als solche von der Beförderung des öffentlichen Wohls profitieren würde, nimmt Rousseau an, dass alle Bürger*innen am Gemeinwillen teilhaben, d.h. dass alle Bürger*innen neben auf ihr eigenes Wohl gerichteten eben auch auf das Wohl der Gemeinschaft gerichtete Interessen haben. Werden nun gerade diese Interessen zur Leitschnur der Gesetzgebung, sind die Gesetze vor allen Bürger*innen rechtfertigbar und diese gehorchen »niemandem außer ihrem eigenen Willen« (Rousseau 1762: 35). Damit ist Rousseaus Anforderung an den Staat erfüllt.

Rousseau kann also auf die Frage, wo die Grenze legitimen staatlichen Handelns verläuft, antworten, dass diese vom Gemeinwillen gezogen wird: Ein Gesetz, das im Sinne der Allgemeinheit ist, darf beschlossen und durchgesetzt werden, eine Regel, die vom Gemeinwohl abweicht, würde hingegen als Gesetz eine Verletzung des Freiheitsrechts der Bürger*innen darstellen. Diese abstrakte Festlegung wird von Rousseau nicht weiter ausbuchstabiert, d.h., er erläutert nicht näher, welche konkreten Vorschriften Gegenstand des Gemeinwillens sein könnten. Dies zu ermitteln ist Aufgabe der Volksversammlung. Weil er davor zurückschreckt, konkrete Angaben darüber zu machen, wozu die Bürger*innen frei sind und was ihnen der Staat verbieten darf, können wir Rousseau als Rechtfertigungsliberalen betrachten.

Zeitgenössische Vertreter des Rechtfertigungsliberalismus sind etwa Rainer Forst oder Gerald Gaus. So behauptet Forst, dass, wenn es uns um politische Freiheit geht, »jedes Freiheitsrecht, jede Verbindung von Freiheitsrechten und jede Freiheitseinschränkung daraufhin überprüft werden« muss, »in welchem Maße autonome Personen dies [...] voreinander rechtfertigen können« (Forst 2007: 210). D.h., nach Forst tragen wir unserem Recht auf Freiheit nicht dadurch Rechnung, dass wir es in konkrete Freiheitsrechte auseinanderlegen, sondern indem wir untersuchen, ob die Bürger*innen die konkreten Rechte und Gesetze, denen sie unterliegen sollen, voreinander rechtfertigen können. Das Recht auf Freiheit der Bürger*innen wird also durch das abstrakte »Recht auf Rechtfertigung« gewahrt, wonach eine Person »nicht auf eine Weise behandelt werden darf, für die ihr nicht angemessene Gründe geliefert werden können« (Forst 2007: 300). Angemessene Gründe sind hierbei solche, die »allgemein und reziprok gerechtfertigt bzw. nicht zurückgewiesen werden können« (Forst 2007: 300). Wie Rousseau möchte also auch Forst das abstrakte Recht auf Freiheit nicht »in bestimmten substanziell vorgegebenen Normen« (Forst 2007: 198) festgelegt wissen. Für ihn geht es vielmehr in den »prozeduralen Kriterien von Reziprozität und Allgemeinheit« (Forst 2007: 198) auf.

Ähnliches behauptet auch Gaus (auf dessen Werk *Justificatory Liberalism* wir uns mit der Bezeichnung »Rechtfertigungsliberalismus« auch beziehen). Nach Gaus gilt die »Presumption in Favor of Liberty«, d.h. die Annahme zugunsten der Freiheit. Nach dieser Annahme ist es falsch, den Handlungsspielraum anderer Personen zu beschneiden, sofern man dies nicht vor ihnen rechtfertigen kann (vgl. Gaus 2011: 341 ebenso wie Gaus 1996: 165). D.h., auch nach Gaus haben Personen das Recht auf Freiheit, verstanden im Sinne des positiven Möglichkeitskonzepts. Weil staatliche Handlungen die Freiheit der Bürger*innen beschneiden, müssen diese vor allen Bürger*innen rechtfertigbar sein. Was dies konkret bedeutet, d.h. welche konkreten staatlichen Handlungen vor den Bürger*innen rechtfertigbar sind, spezifiziert Gaus im Weiteren nicht mehr. Für ihn als Rechtfertigungsliberalen stellt die »Presumption in Favor of Liberty« bereits in ausreichender, wenngleich abstrakter Weise dar, wo die Grenze legitimen staatlichen Handelns verläuft – nämlich dort, wo es nicht mehr vor allen Bürger*innen rechtfertigbar ist.

Nachdem wir Rechte- und Rechtfertigungsliberalismus dargestellt haben, wollen wir nun eine Zwischenform diskutieren, der sich mit Rawls und Jürgen Habermas zwei besonders prominente Autoren der zeitgenössischen politischen Philosophie zuordnen lassen. Beide Autoren gehören an sich dem Rechtfertigungsliberalismus an, d.h., beide behaupten, dass der Staat dem Recht auf Freiheit der Bürger*innen Rechnung trägt, indem er sicherstellt, dass seine Gesetze allgemein rechtfertigbar sind. Allerdings lassen es beide Autoren hierbei nicht bewenden, sondern führen zudem im Stile des Rechteliberalismus aus, welche konkreten Regeln sich als vor allen Bürger*innen rechtfertigbar erweisen werden.

Nach Rawls ist ein Staat dann gerecht bzw. legitim, wenn seine Grundstruktur, d.h. seine wichtigsten Institutionen (wie etwa die Verfassung), so angelegt ist, dass die Bürger*innen fair behandelt werden. Die Bürger*innen fair zu behandeln bedeutet dabei für Rawls, diese als Freie und Gleiche ernst zu nehmen. D.h., um legitim zu sein, müssen die wichtigsten Institutionen des Staates (u.a.) die Freiheit der Bürger*innen respektieren. Um zu prüfen, ob eine konkrete Institution diese Anforderung erfüllt, schlägt Rawls als Heuristik folgendes Gedankenexperiment vor: Die Bürger*innen sollen prüfen, ob sie sich unter dem sogenannten Schleier des Nichtwissens für Grundsätze entscheiden würden, die die fragliche Institution zulassen würden (vgl. Rawls 1971: Kapitel 3). Hauptmerkmal dieses Schleiers ist, dass er den

Bürger*innen alles Wissen über ihre persönlichen Lebensumstände vorenthält. Daher könnten sich die Bürger*innen unter diesem Schleier nicht im Lichte ihrer je individuellen Interessen für oder gegen Grundsätze für ein bestimmtes institutionelles Arrangement entscheiden, da der Schleier sie vergessen lässt, was ihre individuellen Interessen sind. Die Entscheidung der Bürger*innen wäre also nicht auf ihre je persönlichen Interessen zugeschnitten, sondern im Interesse aller. Wie Rawls zu fordern, dass die Grundsätze bzw. die Institutionen eines Staates so beschaffen sind, als wären sie von den Bürger*innen unter einem Schleier des Nichtwissens gewählt worden, bedeutet also zu fordern, dass die fraglichen Grundsätze bzw. Institutionen im Interesse aller Bürger*innen und damit vor allen Bürger*innen rechtfertigbar sind. Dies macht Rawls zu einem Rechtfertigungsliberalen.

Doch wie oben bereits angedeutet, gibt sich Rawls nicht damit zufrieden, die Grenze legitimen staatlichen Handelns auf diese abstrakte Art zu bestimmen. Stattdessen behauptet er, dass sich die Bürger*innen unter dem Schleier des Nichtwissens für folgende beiden Grundsätze entscheiden würden, d.h. dass folgende beiden Grundsätze vor allen Bürger*innen rechtfertigbar sind: 1. Zum einen soll der Staat allen Bürger*innen gleichermaßen das größtmögliche Set an Freiheitsrechten zusprechen, wobei Rawls hierbei so etwas wie die Bill of Rights oder das deutsche Grundgesetz vor Augen hat (vgl. Rawls 1971: 81). 2. Zum anderen soll er dafür sorgen, dass a) sozioökonomische Ungleichheit insbesondere den sozioökonomisch am schlechtesten gestellten Bürger*innen zugutekommt und b) nicht die faire Chancengleichheit hinsichtlich sozialer Positionen wie beispielsweise politischen Ämtern untergräbt (vgl. Rawls 1971: 104). Der erste Grundsatz wird oft als Grundsatz gleicher Freiheit, der zweite dagegen als (a) Differenzprinzip bzw. (b) Prinzip fairer Chancengleichheit bezeichnet. Mit diesen berühmt gewordenen Grundsätzen der Gerechtigkeit buchstabiert Rawls also aus, was ein Staat konkret zu tun hat, um (u.a.) die Freiheit seiner Bürger*innen zu respektieren. Dies gibt Rawls' Theorie einen rechteliberalen Anstrich.

Eine ähnliche Zwischenform findet sich in der politischen Philosophie von Habermas. Mit dieser will Habermas den »problematischen Zusammenhang zwischen subjektiv-privaten Freiheiten und staatsbürgerlicher Autonomie [...] aufklären« (Habermas 1992: 111). Auch Habermas will also klären, wie ein Staat der Freiheit der Bürger*innen gerecht werden kann. Den Schlüssel zur Beantwortung dieser Frage stellt dabei das sogenannte Diskursprinzip dar, welches die allgemeinste Regel ist, die Personen im Umgang miteinander beachten müssen, um sich als solche ernst zu nehmen. Das Diskursprinzip besagt, dass nur diejenigen Handlungsnormen als Regeln des wechselseitigen Miteinanders gültig sind, denen alle möglicherweise von ihnen Betroffenen als Teilnehmer*innen an einem rationalen Diskurs zustimmen könnten (vgl. Habermas 1992: 138). Im Kontext staatlichen Handelns sind die relevanten Handlungsnormen Gesetze und die betroffenen Teilnehmer*innen die Bürger*innen. Daher besagt das Diskursprinzip auf die Frage staatlichen Handelns bezogen, dass diejenigen Gesetze eines Staates legitim sind, denen alle Bürger*innen in einem rationalen Diskurs zustimmen könnten, d.h. die vor allen Bürger*innen rechtfertigbar sind. Im Kontext staatlichen Handelns wandelt sich das Diskurs- also zu einem Demokratieprinzip um (vgl. Habermas 1992: 155). Dass Habermas für dieses abstrakte Prinzip staatlicher Legitimität argumentiert, weist ihn als Rechtfertigungsliberalen aus.

Doch wie auch Rawls lässt es Habermas nicht bei dieser abstrakten Aussage zu den Grenzen legitimen staatlichen Handelns bewenden. Vielmehr behauptet er zudem, dass sich ein bestimmtes Set an Grundrechten als allgemein rechtfertigbar herausstellen wird. Bei diesen Grundrechten handelt es sich um solche, die u.a. die Mitgliedschaft in der Bürgerschaft regeln (vgl. Habermas 1992: 155), den Rechtsschutz für die Bürger*innen sichern (vgl. Habermas 1992: 156), die chancengleiche Teilhabe an Prozessen der Meinungs- und Willensbildung garantieren (vgl. Habermas 1992: 156) oder die materiellen Grundlagen bereitstellen, damit die übrigen Grundrechte chancengleich genutzt werden können (vgl. Habermas 1992: 157). Dabei beschreibt Habermas das Verhältnis zwischen diesen konkreten Grundrechten und dem abstrakten Demokratieprinzip als eines der Gleichursprünglichkeit (vgl. Habermas 1992: 155). Gemeint ist damit Folgendes: Wenn diese Grundrechte nicht gelten, ist einerseits nicht sichergestellt, dass durch das Demokratieprinzip auch wirklich das Recht auf Freiheit der Bürger*innen gewahrt wird. Denn wenn einige der Bürger*innen z.B. nicht die materiellen Ressourcen haben, um sich zu Gesetzesvorschlägen eine informierte Meinung zu bilden, können die resultierenden Gesetze nicht als allgemein rechtfertigbar gelten. Andererseits kommen diese Grundrechte den Bürger*innen nur deswegen zu, weil sie ermöglichen, dass im Weiteren demokratisch über staatliches Handeln entschieden wird. Dass Habermas das abstrakte Demokratieprinzip um weitere konkrete Regeln ergänzt, macht den rechteliberalen Anteil seiner Theorie aus.

Bisher haben wir die Unterscheidung zwischen Rechte- und Rechtfertigungsliberalismus nur dargestellt; noch nicht diskutiert haben wir, was für diese unterschiedlichen Formen des Liberalismus spricht. Der große Vorteil des Rechteliberalismus ist seine *Konkretheit.* Denn Ansätze dieser Art geben genau an, wo die durch das Recht auf Freiheit vorgezeichnete Demarkationslinie für legitimes staatliches Handeln verläuft. Will die Bürgerschaft prüfen, ob ein konkreter Gesetzesvorschlag mit ihrem Recht auf

Freiheit vereinbar ist, muss sie etwa nach Locke lediglich prüfen, ob der Vorschlag die körperliche Unversehrtheit oder das Eigentum einer Bürger*in bedroht. In den Augen des Rechtfertigungsliberalismus stellt die Konkretheit des Rechteliberalismus aber letztlich eher einen Nachteil als einen Vorteil dar. Denn durch seine Konkretheit wird der Rechteliberalismus unflexibel, wie folgendes Beispiel zeigt: Nehmen wir an, die Bürger*innen eines von Lockes politischer Philosophie inspirierten Staates beginnen daran zu zweifeln, dass es Privateigentum geben sollte. Vielleicht hat die Möglichkeit, Privateigentum zu erwerben, zu großen Vermögensungleichheiten geführt, die sie nicht mehr akzeptieren wollen. Einstimmig beschließen sie, dass die Möglichkeit, sich Privateigentum anzueignen, nicht wertvoll ist und der Staat sie daher eliminieren kann. Nach Lockes Rechteliberalismus müssten wir diesen Vorstoß der Bürgerschaft als eine unzulässige Beschneidung ihres Rechts auf Freiheit ansehen. Doch warum sollte ein Gesetz, das vor allen Bürger*innen rechtfertigbar ist und von diesen unterstützt wird, als Einschränkung ihrer Freiheit verstanden werden? Allgemeiner gesprochen ist es das auszeichnende Merkmal des Rechtfertigungsliberalismus, dass es dieser den Bürger*innen selbst überlässt, die Grenzen, die ihr Recht auf Freiheit legitimem staatlichem Handeln setzt, zu bestimmen.

Doch diese *Flexibilität* des Rechtfertigungsliberalismus bringt ein *Problem der Anwendbarkeit* mit sich. Wir hatten bereits dargestellt, dass der Rechtfertigungsliberalismus die Rechtfertigbarkeit eines Gesetzes vor allen Bürger*innen im Sinne der zweiten Lesart versteht. D.h., für den Rechtfertigungsliberalismus muss ein Gesetz allen Bürger*innen vor dem Hintergrund ihrer passend bereinigten Überzeugungen sinnvoll erscheinen, damit es ihr Recht auf Freiheit respektiert. Rechtfertigungsliberale müssen daher Annahmen dazu anstellen, welche Überzeugungen die

Bürger*innen teilen werden, nachdem sie ihre individuellen Überzeugungssets gemäß allgemeinen Rationalitätsstandards bereinigt haben. Selbst wenn der Rechtfertigungsliberalismus also nicht darauf festgelegt ist, zu jedem Gesetzesvorhaben eine Volksabstimmung abzuhalten, muss er die Bürger*innen gut genug kennen, um begründet Annahmen darüber treffen zu können, worin sich ihre bereinigten Überzeugungssets überlappen werden. In großen Flächenstaaten stellt dies eine fast unmögliche Anforderung an die politische Praxis dar.

Anhänger*innen des Rechtfertigungsliberalismus reagieren auf dieses Problem der Anwendbarkeit, indem sie Annahmen darüber machen, zu welchen Themengebieten Übereinstimmungen unter den Bürger*innen – zumindest wenn sie ihre Überzeugungssets passend bereinigt haben – zu erwarten sind und zu welchen Fragestellungen eine Vielzahl an Meinungen, d.h. Pluralismus bestehen wird. Denn wenn davon auszugehen ist, dass unter den Bürger*innen zu bestimmten Fragestellungen ein *Pluralismus der Überzeugungen* herrscht, der auch nicht durch die rationale Bereinigung ihrer Überzeugungssysteme aufzuheben ist, so ist klar, dass zu diesen Fragestellungen keine Gesetzgebung erfolgen darf. Denn Gesetze zu diesen Fragestellungen werden nicht vor allen Bürger*innen rechtfertigbar sein. Anders ausgedrückt: Anhänger*innen des Rechtfertigungsliberalismus vertreten eine *Asymmetriethese*, wonach zu bestimmten Themengebieten ein irreduzibler Pluralismus der Überzeugungen zu erwarten ist, zu anderen nicht. Nur zu Letzteren kann der Staat dem Rechtfertigungsliberalismus zufolge Gesetze erlassen, ohne gegen das Recht auf Freiheit der Bürger*innen zu verstoßen. Gesetzesvorhaben, die über diese Themengebiete hinausgehen und Fragen betreffen, zu denen irreduzibler Pluralismus herrscht, müssen also gar nicht erwogen, sondern können direkt als illegitim verworfen werden. Durch die Asymmetriethese wird der Rechtfertigungsliberalismus also einfacher anwendbar.

Der erste Autor, der prominent für die Asymmetriethese eingetreten ist (auch wenn er sie nicht also solche bezeichnet hat), ist Rawls. Er trennt dabei zwischen »comprehensive« und »political conceptions«, d.h. zwischen umfassenden und politischen Lehren. Unter einer umfassenden Lehre versteht Rawls dabei »eine geordnete Gruppe von Endzwecken und -zielen, die angibt, was nach Ansicht des Betreffenden im menschlichen Leben Wert hat bzw. was als durch und durch lohnendes Leben aufgefaßt wird« (Rawls 2001: 44). Eine politische Lehre »stellt sich als ausschließlich für die Grundstruktur gedachte vernünftige Konzeption dar« (Rawls 2001: 55 f.). Verschiedene liberale Autoren haben diese Trennung übernommen: So unterscheidet etwa Jeremy Waldron zwischen »principles and ideas that [...] define a liberal order for society, and the deeper values and commitments associated with particular philosophical outlooks« (Waldron 2004: 91), und Jonathan Quong spricht von »theories of human flourishing«, die »more global or general judgements regarding the ranking of many different values or virtues« (Quong 2011: 13) involvieren. Auch Habermas nimmt eine ähnliche Trennung vor, wenn er zwischen Ethik und Moral unterscheidet. Erstere dreht sich um starke Wertungen, die »das Selbstverständnis einer Person, die Art der Lebensführung, den Charakter berühren« (Habermas 1991: 103), Letztere dagegen um »kategorische und unbedingte Imperative«, d.h. um Regeln, »die allgemeine Zustimmung finden« können (Habermas 1991: 108).

Die Idee hinter der Trennung, die all diese Autoren andeuten, können wir folgendermaßen zusammenfassen: Grundsätzlich umfasst der Bereich normativen Denkens die Frage danach, was gut oder wertvoll ist und was wir tun sollten. Diese Frage können wir nun in zweierlei Hinsicht stellen: Entweder wir wollen wissen, was gut oder wertvoll ist und was wir tun sollten, damit unser eigenes Leben ein gutes ist. D.h., *wir können nach dem richtigen Selbstverhältnis fragen.* Oder wir wollen wissen, was gut oder wertvoll ist und was wir tun sollten, damit unser Zusammenleben gelingt. D.h., *wir können nach dem richtigen wechselseitigen Miteinander fragen.* Fragen nach dem richtigen Selbstverhältnis sind Teil dessen, was Rawls (und im Anschluss an ihn die anderen genannten Autoren) als *umfassende Lehren* bezeichnen. Fragen nach dem richtigen wechselseitigen Miteinander sind dagegen Teil dessen, was Rawls (und im Anschluss an ihn die anderen genannten Autoren) als *politische Lehren* bezeichnen. Rechtfertigungsliberale Vertreter*innen der Asymmetriethese behaupten nun, dass unter den Bürger*innen zu Fragen des richtigen Selbstverhältnisses Pluralismus zu erwarten ist, der sich auch nicht durch die rationale Bereinigung ihrer Überzeugungen reduzieren lassen wird. Bei Fragen des richtigen wechselseitigen Miteinanders darf man dagegen auf einen Überlappungsbereich (oder – mit Rawls' Worten – auf einen überlappenden Konsens, vgl. Kapitel 3.2) hoffen, zumindest wenn die Bürger*innen ihre Überzeugungen rational bereinigen. D.h., Fragen des richtigen Selbstverhältnisses und Fragen des richtigen wechselseitigen Miteinanders sind insofern asymmetrisch, als zu Letzteren eine Übereinstimmung unter den Bürger*innen zu erwarten ist, zu Ersteren dagegen nicht. Gesetzesvorhaben zu Ersteren können daher direkt als illegitim verworfen werden, da sie nicht vor allen Bürger*innen rechtfertigbar sind und also gegen deren Recht auf Freiheit verstoßen würden. Gesetzesvorhaben zu Letzteren dagegen sind vor allen Bürger*innen rechtfertigbar und damit mit deren Recht auf Freiheit vereinbar.

Indem sie eine Form dieser Asymmetriethese vertreten, stellen Anhänger*innen des Rechtfertigungsliberalismus sicher, dass ihr politikphilosophisches Modell besser anwendbar wird. Zudem werden sie dadurch der liberalen Tradition gerecht. Denn vielen klassischen liberalen Texten ist es ein Anliegen, die Frage nach dem richtigen Selbstverhältnis dem Zugriff des Staates zu entziehen. So argumentiert etwa Locke in seinem *Toleranzbrief*, dass der Staat nicht durch Gesetze regeln darf, wie die Bürger*innen vor Gott treten, d.h. welcher Religion sie angehören (vgl. Locke 1689b). Und Mill (auf dessen perfektionistischen Liberalismus wir gleich näher eingehen) behauptet, dass Staat und Gesellschaft die Frage des individuellen Lebensplans nicht für die Bürger*innen entscheiden dürfen (vgl. Mill 1859). Der Rechtfertigungsliberalismus kann erklären, warum gerade diese Fragen – also Fragen der Religionszugehörigkeit oder der Lebensplanwahl – nicht Gegenstand staatlichen Handelns sein dürfen. Denn sie betreffen Fragen des richtigen Selbstverhältnisses und können nicht Gegenstand legitimer Gesetzgebung sein, weil dazu unter den Bürger*innen irreduzibler Pluralismus herrscht.

Die Asymmetriethese des Rechtfertigungsliberalismus lässt sich auf verschiedene Arten hinterfragen. Zum einen könnte eine Kritiker*in wissen wollen, warum sie überhaupt gelten sollte. Warum sollen die Bürger*innen gerade zu Fragen des richtigen Selbstverhältnisses irreduzibel unterschiedlicher Meinung sein, zu Fragen des richtigen wechselseitigen Miteinanders aber nicht? Sollten sich rationale Personen nicht etwa darin einig sein, dass persönliche Nahbeziehungen zu einem gelungenen menschlichen Leben gehören oder dass es gut ist, nach den eigenen Wertvorstellungen zu leben? Und ist es unbedingt ein Zeichen dafür, dass man sein Überzeugungssystem noch nicht rational bereinigt hat, wenn man zu Fragen der politischen Ordnung – die paradigmatische Fragen des wechselseitigen Miteinanders sind – unterschiedlicher Meinung ist? Zum anderen könnte eine Kritiker*in darauf hinweisen, dass der Rechtfertigungsliberalismus mit der Asymmetriethese klassischen liberalen Positionen zwar nahekommt, diesen aber nicht gerecht wird. Denn gerade Religionen sind nicht nur Lehren zum richtigen Selbstverhältnis, sondern beinhalten immer auch Stellungnahmen zum wechselseitigen Miteinander (man denke hier z.B. an das fünfte bis achte Gebot aus dem Dekalog des Alten Testaments). Wenn Religionen aber auch Stellungnahmen zum richtigen wechselseitigen Miteinander umfassen, dürfen sie dann der Asymmetriethese zufolge nicht auch Gegenstand politischen Handelns werden? Wäre es nicht insgesamt besser, die inhaltlichen Vorfestlegungen der Asymmetriethese fallen zu lassen und stattdessen Folgendes zu behaupten: Was immer vor den Bürger*innen rechtfertigbar ist, darf Gegenstand liberaler Politik werden – alles andere nicht? Diese Fragen werden wiederkehren, wenn wir uns jetzt einer weiteren Kategorie zuwenden, in die man liberale Ansätze unterteilen kann – nämlich in perfektionistische und politische.

3.2 Politischer und perfektionistischer Liberalismus

Rechte- und Rechtfertigungsliberalismus sind unterschiedlicher Meinung darüber, ob man das Recht auf Freiheit, das den Bürger*innen dem Liberalismus zufolge zukommt, konkret ausbuchstabieren muss oder ob es ausreicht, den Bürger*innen ein Verfahren an die Hand zu geben, anhand dessen sie dies selbst tun. *Politischer und perfektionistischer Liberalismus streiten sich dagegen darum, ob der Liberalismus selbst eine Begründung dafür liefern muss, warum den Bürger*innen das Recht auf Freiheit überhaupt zukommt.* Auf den ersten Blick scheint es seltsam, dass unter den Anhänger*innen des Liberalismus zu dieser Frage Uneinigkeit herrscht. Denn das Recht auf Freiheit ist die normative Grundannahme des Liberalismus – sollten daher nicht alle Anhänger*innen des Liberalismus darum bemüht sein, es möglichst umfassend zu begründen und dadurch über jeden Zweifel zu erheben? Was könnte dafür sprechen, dieses wichtige intellektuelle Unterfangen nicht in Angriff zu nehmen?

Dass Anhänger*innen des Liberalismus davor zurückschrecken, selbst eine Begründung für das Recht auf Freiheit zu liefern, hat etwas mit der Asymmetriethese zu tun, die wir in Kapitel 3.1 eingeführt haben. Dieser These zufolge herrscht hinsichtlich der Frage nach dem richtigen Selbstverhältnis unter den Bürger*innen ein irreduzibler Pluralismus der Überzeugungen, d.h., selbst wenn die Bürger*innen ihre Überzeugungen zu dieser Frage rational bereinigen, werden sie sich nicht auf *eine* Theorie des richtigen Selbstverhältnisses einigen. Gleichzeitig scheint es aber der Fall zu sein, dass die besten (oder vielleicht sogar die einzigen, vgl. Colburn 2010: Kapitel 3.3.3) Begründungen, die man für das Recht auf Freiheit geben kann, auf Annahmen zum richtigen Selbstverhältnis zurückgreifen. So könnte man beispielsweise behaupten, dass die Bürger*innen das Recht auf Freiheit haben sollten, weil es ihnen ermöglicht, ein moralisches Leben zu führen (eine Begründung, die wir bei Kant finden) oder ihre Individualität auszuleben, sofern dadurch niemandem Schaden zugefügt wird (wie Mill behauptet), oder autonom zu sein (was nach Raz für das Recht auf Freiheit spricht – die drei genannten Strategien führen wir weiter unten genauer aus). Alle diese Begründungsstrategien greifen auf Annahmen zum richtigen Selbstverhältnis zurück. Denn ihre begründende Kraft entfalten sie nur, wenn wir zudem annehmen, dass Menschen eben ein moralisches oder individuelles oder autonomes Leben führen sollten, d.h. dass dies jeweils das richtige Selbstverhältnis ist. Damit gehen diese Begründungsstrategien auf Annahmen zurück, die der Asymmetriethese zufolge nicht vor allen Bürger*innen rechtfertigbar sind.

Für liberale Anhänger*innen der Asymmetriethese stellt es aus folgenden zwei Erwägungen ein Problem dar, bei der Begründung des Rechts auf Freiheit auf Annahmen zurückzugreifen, die nicht vor allen Bürger*innen rechtfertigbar sind: Zum einen ist dies eine *philosophisch unbefriedigende Strategie*. Denn begründet man das normative Kernelement des Liberalismus unter Rückgriff auf eine Annahme zum richtigen Selbstverhältnis, die selbst wieder umstritten ist, hat man damit das Recht auf Freiheit nicht über allen Zweifel erhoben, sondern vielmehr denselben Zweifeln ausgesetzt, die auch die jeweilige Annahme zum richtigen Selbstverhältnis betreffen. Noch problematischer ist aber, dass diese Strategie *im Lichte des Rechts auf Freiheit selbst illiberal* wäre: Dass den Bürger*innen das Recht auf Freiheit zukommt, bedeutet, dass ihr Handlungsspielraum nur eingeschränkt werden darf, wenn die geplante Einschränkung vor ihnen rechtfertigbar ist. Doch in gewisser Weise schränkt es den Handlungsspielraum der Bürger*innen auch ein, wenn der Liberalismus als Theorie staatlicher Legitimität gilt. Zwar ist der Liberalismus selbst kein Gesetz, sondern nur eine Theorie dazu, wie Gesetze zu machen sind. Aber da der Liberalismus beeinflusst, welche Gesetze bestehen dürfen und welche nicht, schränkt seine Geltung indirekt den Handlungsspielraum der Bürger*innen ein. Daher gilt für den Liberalismus als philosophische Theorie staatlicher Legitimität das Gleiche, was er von den Gesetzen eines Staates fordert: Der Liberalismus darf eigentlich nur durchgesetzt werden, wenn er vor den Bürger*innen rechtfertigbar ist. Ist er dies nicht und wird dennoch durchgesetzt, stellt seine Durchsetzung als Theorie staatlicher Legitimität einen Verstoß gegen das Recht auf Freiheit der Bürger*innen dar. Anders ausgedrückt: Der Liberalismus hat ein rekursives Element – er muss auf sich selbst angewendet werden (Rawls drückt diese Überlegung aus, indem er behauptet, der Liberalismus müsse das Prinzip der Toleranz auf die Philosophie selbst anwenden, vgl. Rawls 1993: 74). Ist der Liberalismus nicht vor allen Bürger*innen rechtfertigbar, verstößt seine Durchsetzung gegen deren Recht auf Freiheit und ist somit illiberal. Genau dieser Fall würde eintreten, würde man das Recht auf Freiheit unter Rückgriff auf Annahmen zum richtigen Selbstverhältnis begründen. Denn diese sind – so die Asymmetriethese – irreduzibel umstritten, so dass ein durch sie begründetes Recht auf Freiheit nicht vor allen Bürger*innen rechtfertigbar wäre.

Anhänger*innen des Liberalismus haben zwei Möglichkeiten, auf das Problem zu reagieren, das sich aus der Spannung zwischen der Notwendigkeit, das Recht auf Freiheit zu begründen, und der Asymmetriethese ergibt: Entweder sie leugnen die Notwendigkeit, selbst das Recht auf Freiheit zu begründen, um an der Asymmetriethese festhalten zu können, oder sie weichen die Asymmetriethese auf, um das Recht auf Freiheit unter Rückgriff auf Annahmen zum richtigen Selbstverhältnis begründen zu können. Erstes ist die Strategie des *politischen Liberalismus*, Zweites die des *perfektionistischen Liberalismus*. Betrachten wir nun beide Formen etwas genauer.

Beginnen wir mit dem politischen Liberalismus, der an der Asymmetriethese festhält, und erinnern wir uns nochmals daran, was der Vorteil der Asymmetriethese war: Hält der Liberalismus an dieser fest, kann er die Anwendbarkeit seiner rechtfertigungsliberalen Spielart sichern. Der Rechtfertigungsliberalismus erfordert nämlich, dass der Staat umfassend über die Überzeugungen der Bürger*innen informiert ist, damit er abschätzen kann, ob ein Gesetzesvorhaben vor diesen rechtfertigbar wäre, hätten sie ihre Überzeugungen rational bereinigt. Diese Informationen einzuholen ist in der Praxis problematisch. Daher würde es die Gesetzgebung erheblich erleichtern, wenn man von bestimmten Gesetzesvorhaben auch ohne weitere Prüfung wüsste, dass sie nicht vor allen Bürger*innen rechtfertigbar sein werden. Die Asymmetriethese leistet genau dies, indem sie behauptet, dass es zu Fragen des richtigen Selbstverhältnisses irreduziblen Pluralismus gibt.

Diesen Vorteil will der sogenannte politische Liberalismus nun nicht aufgeben (warum diese Strömung diesen Namen verdient, erläutern wir gleich). Stattdessen behauptet er, es gebe zum Recht auf Freiheit nichts weiter zu sagen, sondern es sei schlicht offensichtlich, dass es allen Menschen zukomme. Diese Strategie findet sich etwa bei Gaus, der vom Recht auf Freiheit als einer »Presumption in Favor of Liberty«, d.h. einer Annahme zugunsten der Freiheit spricht. Nach Gaus bedarf diese Annahme keiner weiteren Begründung. Um seine These zu plausibilisieren, verweist Gaus auf ein Gedankenexperiment von Stanley Benn (vgl. Benn 1988: 87 f.): Nehmen wir an, zwei Personen sitzen am Strand. Eine davon, Alan, hat großen Spaß daran, herumliegende Steinchen zu zertrümmern, während die andere, Betty, großen Spaß daran hat, Alan am Zertrümmern der Steinchen zu hindern. Nehmen wir weiterhin an, dass Betty alle Steinchen vom Strand fortschafft, um Alan an seiner Lieblingsbeschäftigung zu hindern. In diesem Fall wäre Alan ungehalten – und intuitiv halten wir, so Benn, Alans Ungehaltenheit für angemessen. Solange Alan durch sein Zertrümmern der Steinchen keine andere Person daran hindert, etwas zu tun, woran ihr gelegen ist, hat Alan das Recht dazu, ungestört Steinchen zu zertrümmern. Akzeptieren wir Benns Bewertung dieses Beispiels, so teilen wir nach Gaus die Annahme zugunsten der Freiheit: Wir gehen einfach davon aus, dass alle Menschen das Recht haben, in ihrem Handeln nicht gehindert zu werden, es sei denn, sie behindern durch ihr Handeln selbst wiederum andere.

Rawls, auf den die Bezeichnung »politischer Liberalismus« zurückgeht, wählt ein anderes Vorgehen. Er bestreitet nicht, dass das Recht auf Freiheit einer Begründung bedarf, sondern dass es Aufgabe liberaler Philosoph*innen ist, diese Begründung zu liefern. Zwei Gründe sprechen seiner Meinung nach dagegen, die Begründung des Rechts auf Freiheit zur Aufgabe der liberalen Philosophie zu machen. Zum einen kann die liberale Philosophie diese Aufgabe schlicht nicht bewältigen, ohne sich in Widersprüche zu verwickeln, weil die Annahmen, auf die sie das Recht auf Freiheit zurückführen könnte, solche zum richtigen Selbstverhältnis sind und also nicht allgemein rechtfertigbar wären. Vor allem aber besteht in Staaten, die bereits länger über eine liberale Tradition verfügen, kein weiterer Begründungsbedarf, weil das Recht auf Freiheit nicht hinterfragt wird, sondern Gegenstand eines überlappenden Konsenses ist (vgl. Rawls 1993: 4. Vorlesung). Damit meint Rawls Folgendes: In liberal geprägten Staaten haben die unterschiedlichen Bürger*innen unterschiedliche Überzeugungen zum richtigen Selbstverhältnis. Doch auch wenn sie sich uneins darüber sind, was ein gutes Leben für sie ausmacht, und sie diesen Streit nicht dadurch beseitigen können, dass sie ihre Überzeugungen zum richtigen Selbstverhältnis rational bereinigen, sind ihre Vorstellungen zum richtigen Selbstverhältnis jeweils mit dem Recht auf Freiheit als Regel für das wechselseitige Miteinander kompatibel. Folgendes Beispiel kann helfen, um Rawls' Annahme zu veranschaulichen: Nehmen wir an, A und B sind Bürger*innen des Staates S, der mittlerweile von der Diktatorin befreit und in eine liberale Demokratie verwandelt wurde. A ist gläubige Katholikin und hält es daher für richtig, ihr Leben nach den Glaubenssätzen der Bibel zu gestalten. B dagegen ist Kantianerin und orientiert sich am kategorischen Imperativ. Offensichtlich haben A und B unterschiedliche Vorstellungen davon, was ein gelungenes menschliches Leben ausmacht. Dennoch verfügen beide über Überzeugungen, vor deren Hintergrund es sinnvoll erscheint, dass ihr wechselseitiges Miteinander am Recht auf Freiheit ausgerichtet sein sollte: Für B spricht für diese Regel, dass sie sich (wie wir im Weiteren noch zeigen werden) aus dem kategorischen Imperativ ableiten lässt. A dagegen erscheint das Recht auf Freiheit sinnvoll, weil sich Glauben nicht erzwingen lässt und daher jeder Mensch die Möglichkeit haben sollte, seinen Weg zu Gott selbständig zu finden.[3] Das Recht auf Freiheit ist also vor beiden Bürger*innen gerechtfertigt, wenn auch nicht durch dieselben Erwägungen. Anders ausgedrückt: Nach Rawls müssen liberale Philosoph*innen das Recht auf Freiheit deswegen nicht selbst begründen (eine Aufgabe, die sie wegen der Asymmetriethese auch gar nicht angemessen erfüllen könnten), weil das Recht auf Freiheit unter den Bürger*innen liberal geprägter Staaten nicht umstritten ist. Grund dafür ist jedoch nicht, dass das Recht auf Freiheit vor allen Bürger*innen unter Rückgriff auf dieselben Überzeugungen zum richtigen Selbstverhältnis gerechtfertigt ist, sondern dass unterschiedliche Überzeugungen zum richtigen Selbstverhältnis das Recht auf Freiheit als sinnvolle Regel des wechselseitigen Miteinanders erscheinen lassen. Solange sich der Liberalismus damit begnügt, nur Aussagen zum wechselseitigen Miteinander zu treffen und insofern politisch zu bleiben (daher der Name dieser Form des Liberalismus), kann er es sich also vermeintlich leisten, keine eigenständige Begründung des Rechts auf Freiheit vorzulegen.

Anhänger*innen des sogenannten perfektionistischen Liberalismus wählen ein anderes Vorgehen. Anstatt an der Asymmetriethese festzuhalten und zu behaupten, dass das Recht auf Freiheit keiner weiteren Begründung bedarf oder dass es zumindest nicht Aufgabe der Philosophie ist, diese Begründung zu liefern, weichen sie die Asymmetriethese punktuell auf. Denn Anhänger*innen des perfektionistischen Liberalismus nehmen an, dass es zu bestimmten Elementen des richtigen Selbstverhältnisses keinen irreduziblen Pluralismus unter den Bürger*innen gibt, so dass diese Elemente zur Begründung des Rechts auf Freiheit herangezogen werden können. Dabei unterscheiden sich die verschiedenen Varianten des perfektionistischen Liberalismus dahingehend, welche Elemente des richtigen Selbstverhältnisses sie für vor allen Bürger*innen rechtfertigbar halten und daher zur Begründung des Rechts auf Freiheit heranziehen (warum diese Strömung diesen Namen verdient, erläutern wir gleich).

Eines der prominentesten Beispiele für den perfektionistisch-liberalen Ansatz findet sich in der praktischen Philosophie Kants.[4] Nach Kant muss sich ein legitimer Staat am allgemeinen Prinzip des Rechts orientieren, dem zufolge jede Handlung einer Person legitim ist, »die oder nach deren Maxime die Freiheit der Willkür eines jeden mit jedermanns Freiheit nach einem allgemeinen Gesetze zusammen bestehen kann« (Kant 1797: 230). D.h., nach Kant darf eine Person jede Handlung vollziehen, die ihr vorschwebt, solange diese damit vereinbar ist, dass auch jeder anderen Person diese Freiheit zukommt. Damit vertritt Kant das Recht auf Freiheit. Ein legitimer Staat muss dieses Recht der Bürger*innen respektieren, indem er die Gesetze so gestaltet, »als sie aus dem vereinigten Willen eines ganzen Volkes haben entspringen können« (Kant 1793: 297). Oder wie Kant an anderer Stelle noch pointierter formuliert: »Was ein Volk über sich selbst nicht beschließen kann, das kann der Gesetzgeber auch nicht über das Volk beschließen.« (Kant 1793: 304) Kant ist also ein Rechtfertigungsliberaler, da der Staat ihm zufolge das Recht auf Freiheit der Bürger*innen respektiert, indem er prüft, ob diese seine Gesetzesvorhaben selbst beschlossen hätten, d.h. ob diese vor allen Bürger*innen rechtfertigbar sind. Dabei kommt den Bürger*innen das Recht auf Freiheit nicht wie beispielsweise bei Locke als Naturrecht zu. Vielmehr leitet es sich aus einer grundlegenden Pflicht ab, der die Bürger*innen qua Menschen unterliegen, nämlich der Pflicht, moralisch zu handeln. Diese Pflicht – die nach Kant jeder Mensch als ein »Factum der Vernunft« (Kant 1788: 31) in sich vorfindet – besagt aber nicht nur, dass Menschen moralisch handeln sollten, sondern auch, dass sie jedes dafür »unentbehrlich notwendige Mittel« (Kant 1785: 417) ergreifen sollten. Die Durchsetzung des Rechts auf Freiheit durch den Staat stellt ein solches unentbehrlich notwendiges Mittel dar. Zwar kann ein Staat, der sich an diesem Recht orientiert, nicht aktiv dazu beitragen, dass seine Bürger*innen moralisch handeln (auf diese Einschränkung kommen wir weiter unten nochmals zu sprechen). Aber indem er es ihnen unmöglich macht, ihre Mitbürger*innen in ihrem Recht auf Freiheit einzuschränken, kann der Staat doch zumindest sicherstellen, dass die Bürger*innen im Bereich des wechselseitigen Miteinanders im Einklang mit dem kategorischen Imperativ handeln. Das Recht auf Freiheit kommt den Bürger*innen also nach Kant deswegen zu, weil sie die Pflicht haben, moralisch zu handeln, und die Durchsetzung dieses Rechts gewährleistet, dass sie nicht gegen diese Pflicht verstoßen. Kant begründet das Recht auf Freiheit also unter Bezugnahme auf einen bestimmten Aspekt des richtigen Selbstverhältnisses, nämlich auf die Pflicht, moralisch zu handeln, und kann daher als Anhänger des perfektionistischen Liberalismus bezeichnet werden.

Mill, ein weiterer klassischer Vertreter des perfektionistischen Liberalismus, begründet das Recht auf Freiheit unter Rückgriff auf eine andere Annahme zum richtigen Selbstverhältnis. Das Recht auf Freiheit nimmt dabei bei Mill eine spezifische Form an, nämlich die des sogenannten Schadensprinzips.

»Dieses Prinzip lautet: daß der einzige Grund, aus dem die Menschheit, einzeln oder vereint, sich in die Handlungsfreiheit eines ihrer Mitglieder einzumengen befugt ist, der ist: sich selbst zu schützen. Daß der einzige Zweck, um dessentwillen man Zwang gegen den Willen eines Mitglieds einer zivilisierten Gemeinschaft rechtmäßig ausüben darf, der ist: die Schädigung anderer zu verhüten.« (Mill 1859: 16)

Auch nach Mill haben die Bürger*innen also das Recht auf Freiheit, d.h. das Recht darauf, dass ihre Mitbürger*innen oder der Staat nicht in ihre Handlungen eingreifen, es sei denn, um zu verhindern, dass andere Personen zu Schaden kommen. Und wie bei Kant kommt dieses Recht den Bürger*innen nicht einfach so zu, sondern weil es ihnen das richtige Selbstverhältnis ermöglicht. Für Mill besteht Letzteres darin, seiner »Individualität eine Chance« (Mill 1859: 78) zu geben. Als Utilitarist glaubt Mill zwar nicht, dass Individualität an sich wertvoll ist, da das einzige, was nach Mill an sich Wert hat, individuelle Wohlfahrt ist. Aber für Mill ist nicht zu leugnen, »daß die freie Entwicklung der Persönlichkeit eine der Hauptbedingungen der Wohlfahrt ist« (Mill 1859: 78). Das Recht auf Freiheit kommt den Bürger*innen also deswegen zu, weil es ihnen ermöglicht, ihre Persönlichkeit frei zu entfalten, was wiederum ihre je individuelle und damit die allgemeine Wohlfahrt steigert.

Ein zeitgenössischer Vertreter des perfektionistischen Liberalismus ist Raz. Nach Raz sind nur diejenigen Gesetze eines Staates legitim, die sich auf Überzeugungen der Bürger*innen stützen können, d.h. die vor den Bürger*innen rechtfertigbar sind (vgl. Raz 1986: 47). Erlässt der Staat Gesetze, die dieser Anforderung nicht entsprechen, handelt er ohne echte Autorität und damit illegitim. Anders ausgedrückt: Der Staat muss in seiner Gesetzgebung das Recht auf Freiheit der Bürger*innen respektieren, indem er – im Stile des Rechtfertigungsliberalismus – sicherstellt, dass seine Gesetzesvorhaben vor diesen rechtfertigbar sind. Doch den Bürger*innen kommt dieses Recht nicht zu, weil ihre Freiheit an sich wertvoll ist, sondern weil dieses Recht ihre Autonomie befördert (vgl. Raz 1986: 410). Dabei ist eine Person nach Raz genau dann autonom, wenn sie ihr eigenes Leben selbst gestaltet (vgl. Raz 1986: 369), d.h. wenn sie ihren Lebensplan ohne äußeren Zwang und im Lichte ihrer eigenen Wertannahmen aus einer angemessenen Menge an guten Handlungsoptionen wählt und umsetzt. Nach Raz gehört es zum richtigen Selbstverhältnis, ein in diesem Sinne autonomes Leben führen zu wollen. Das Recht auf Freiheit kommt den Bürger*innen ausschließlich deswegen zu, weil ein autonomes Leben nur dann möglich ist, wenn alle im wechselseitigen Miteinander das Recht auf Freiheit beachten.

Wie bei der Gegenüberstellung von Rechte- und Rechtfertigungsliberalismus müssen wir nun fragen, was Vorzüge und Nachteile der politischen bzw. der perfektionistischen Form des Liberalismus sind. Den Vorzug des Ersten haben wir bereits genannt: Grundsätzlich sieht sich der Liberalismus, sofern er das Recht auf Freiheit über Rechtfertigbarkeit ausbuchstabiert, einem Anwendungsproblem ausgesetzt. Denn es wird kaum möglich sein, für jedes Gesetz zu ermitteln, ob es die Bürger*innen vor dem Hintergrund ihrer rational bereinigten Überzeugungen als sinnvoll ansehen. Der politische Liberalismus antwortet auf dieses Problem, indem er an der Asymmetriethese festhält, der zufolge bestimmte Fragen als legitime Gegenstände liberaler Politik ausgeschlossen werden können. Doch für diesen Gewinn an Anwendbarkeit zahlt der politische Liberalismus einen Preis: Zum einen ist es philosophisch unbefriedigend, dass er gerade zur Begründung seiner normativen Grundannahme nichts sagt. Und zum anderen ist gar nicht klar, ob der politische Liberalismus den erhofften Gewinn an Anwendbarkeit wirklich verzeichnen kann. Denn dass es zur Frage des richtigen Selbstverhältnisses einen irreduziblen Pluralismus geben muss, während zur Frage des richtigen wechselseitigen Miteinanders Einigkeit – und zwar genauer: Einigkeit bezüglich des Rechts auf Freiheit – besteht, ist letztlich nur eine Hoffnung, die der politische Liberalismus zwar äußert, aber nicht belegt.

Dennoch könnte man aus folgendem Grund geneigt sein, den politischen dem perfektionistischen Liberalismus vorzuziehen: Zwar hat Letzterer den Vorteil, zum Recht auf Freiheit nicht zu schweigen, sondern deutlich zu machen, was für dieses spricht – nämlich etwa, dass es den Bürger*innen erlaubt, moralisch zu sein, sich frei zu entfalten oder autonom zu leben. Aber dadurch, dass der perfektionistische Liberalismus das Recht auf Freiheit unter Rückgriff auf Annahmen zum richtigen Selbstverhältnis begründet, handelt er sich die Möglichkeit weitreichender staatlicher Intervention ein. Um dies zu erkennen, müssen wir uns daran erinnern, dass der perfektionistische Liberalismus behauptet, die genannten Annahmen zum richtigen Selbstverhältnis seien von der Asymmetriethese ausgenommen. D.h., Kant würde behaupten, dass es keinen irreduziblen Pluralismus darüber gibt, ob wir moralisch handeln sollten, und Mill und Raz würden bezweifeln, dass rationale Personen nicht ihre Persönlichkeit frei entfalten bzw. autonom leben wollen. Nehmen wir nun an, ein Gesetzesentwurf würde vorgelegt, der staatliche Institutionen nutzen will, die Bürger*innen dazu zu bringen, in höherem Maße moralisch zu handeln, sich umfassender frei zu entfalten oder insgesamt autonomer zu leben. Da die fraglichen Annahmen zum richtigen Selbstverhältnis für den perfektionistischen Liberalismus vor allen Bürger*innen rechtfertigt sind, muss er schlussfolgern, dass dieser Gesetzesentwurf mit deren Recht auf Freiheit vereinbar sein kann. Der perfektionistische Liberalismus hat also die seltsame Folge, dass es mit dem Recht auf Freiheit der Bürger*innen vereinbar sein kann, wenn der Staat versucht, diese zu einem besseren Selbstverhältnis zu bringen und sie also in diesem Sinne zu perfektionieren (eine Folge, die seinen Namen erklärt).[5] Intuitiv wird damit eine Grundprämisse des Liberalismus unterlaufen, nämlich dass es nicht Aufgabe des Staates ist und sein soll, die Bürger*innen zu besseren Menschen zu machen (auf diese Intuition werden wir in Kapitel 4.2 zu sprechen kommen, wenn wir die Neutralität liberaler Staaten thematisieren).

Wie stark ein perfektionistisch-liberaler Ansatz von diesem *Problem der Intervention* betroffen ist, hängt davon ab, welche Annahme zum richtigen Selbstverhältnis dieser dem Recht auf Freiheit konkret zugrunde legt. Denn manche Formen des Selbstverhältnisses lassen sich schlicht nicht von außen befördern. Auch wenn es für perfektionistisch-liberale Entwürfe nicht an sich illiberal wäre, den Staat zur Beförderung des richtigen Selbstverhältnisses in Anspruch zu nehmen, könnte sich ein Gesetz zu diesem Zweck als sinnlos erweisen. Die drei perfektionistisch-liberalen Ansätze, die wir vorgestellt haben, können sich dieses Schlupfloch zunutze machen: So hängt es nach Kant von der Maxime der Handelnden, d.h. von deren Handlungsintention ab, ob eine Person moralisch handelt. Der Staat kann aber die Intentionen seiner Bürger*innen nicht kontrollieren. Daher kann er auch nicht dafür verwendet werden, die Bürger*innen zu moralisch handelnden Menschen zu machen – selbst wenn die Annahme, dass es gut wäre, moralisch zu handeln, vor allen Bürger*innen rechtfertigbar ist. Ähnliches gilt für Mills und Raz' perfektionistischen Liberalismus. Beide legen ihren Ausführungen Annahmen zum richtigen Selbstverhältnis zugrunde, aber in beiden Fällen kann der Staat die Bürger*innen nicht dabei unterstützen, dieses auszubilden. Denn würde der Staat die Bürger*innen per Gesetz zur freien Selbstentfaltung bringen, wäre die resultierende Entwicklung weder frei noch selbstgelenkt, ebenso wenig wie die Autonomie der Bürger*innen per Gesetz befördert werden kann. D.h., die drei genannten Ansätze können dem dargestellten Problem der Intervention entgehen – aber nur, weil die Selbstverhältnisse, die sie als unstrittig voraussetzen, zufälligerweise nicht durch den Staat befördert werden können. Macht der perfektionistische Liberalismus andere Annahmen zum richtigen Selbstverhältnis, ist er mit dem dargestellten Problem der Intervention konfrontiert.

4. Kennzeichen des Liberalismus

In den vorangegangenen zwei Kapiteln haben wir die normative Grundannahme des Liberalismus, das Recht auf Freiheit, vorgestellt und diskutiert, welche Formen eine politische Philosophie bzw. ein Staat annehmen kann, die bzw. der auf diesem Recht auf Freiheit aufbaut. In diesem Kapitel wollen wir nun drei Konzepte darstellen, die eng mit dem Liberalismus verknüpft sind, nämlich Toleranz, Neutralität und Privatheit. Denn um zu beurteilen, ob der Liberalismus als politische Philosophie überzeugt, ist es hilfreich, sich nicht nur dessen Grundannahme, sondern auch dessen weitere Folgen oder – wie wir dies in diesem Kapitel nennen wollen – dessen Kennzeichen anzusehen.

Dabei sind insbesondere folgende Fragen zu klären: Was sollen wir uns eigentlich unter Toleranz, Neutralität und Privatheit vorstellen, d.h., was genau ist mit diesen Begriffen gemeint? An wen richten sich diese Begriffe, d.h., kommen diese Kennzeichen dem liberalen Staat oder den Bürger*innen eines liberalen Staates zu? Und wie hängen diese Kennzeichen letztlich mit dem Liberalismus zusammen, d.h., inwiefern ist eine liberale Ordnung darauf festgelegt, diese Kennzeichen auszuprägen? Dabei wird sich zeigen, dass manche dieser Fragen nicht getrennt voneinander diskutiert werden können, sondern gemeinsam beantwortet werden müssen. Denn die Bedeutung der genannten Kennzeichen ist zumindest teilweise umstritten, und wie wir sie verstehen sollten, hängt auch davon ab, wie sie mit dem Liberalismus zusammenhängen.

4.1 Toleranz

Ein erstes Indiz dafür, dass eine Verbindung zwischen Liberalismus und Toleranz besteht, ist die Tatsache, dass mit Locke einer der Gründerväter des Liberalismus explizit für Toleranz Partei ergreift. Am eindrücklichsten tut Locke dies in seinem sogenannten *Toleranzbrief*, den er 1685 verfasst hat, der aber erst 1689 in lateinischer Sprache veröffentlicht wurde. Lockes Überlegungen aus diesem Brief sollen uns als Einstieg dienen, um im Weiteren zu klären, was wir genau unter Toleranz zu verstehen haben, wer im Liberalismus tolerant sein sollte und wie Liberalismus und Toleranz zusammenhängen.

Obwohl es im *Toleranzbrief* Lockes erklärtes Ziel ist, für Toleranz zu argumentieren, schickt er seinem Plädoyer keine Begriffsklärung voraus. D.h., Locke selbst klärt nicht, wie wir Toleranz verstehen sollten oder was genau eine tolerante Person oder Institution ausmacht. Doch aus dem Kontext des *Toleranzbriefs* lässt sich ableiten, dass Toleranz für Locke darin besteht, es zu erdulden, wenn andere Personen einem Glauben anhängen, den man selbst für falsch hält. Nach Locke müssen sich verschiedene Instanzen in diesem Sinne in Toleranz üben, nämlich sowohl der Staat als auch die Kirche und die einzelnen Bürger*innen. Dabei sprechen Locke zufolge für diese unterschiedlichen Instanzen unterschiedliche Gründe dafür, den Irrglauben anderer Personen zu erdulden: So muss der Staat es hinnehmen, wenn einige (oder alle) seiner Bürger*innen einem Glauben anhängen, den er für falsch hält, »weil die Sorge für die Seelen um nichts mehr der staatlichen Obrigkeit als anderen übertragen ist« (Locke 1689b: 13 f.). D.h., nach Locke gehört es schlicht nicht zu den Aufgaben des Staates, das Seelenheil seiner Bürger*innen zu befördern. Religiöse Angelegenheiten fallen deshalb nicht in den Zuständigkeitsbereich des Staates, weil die Bürger*innen den

Staat niemals als Religionswächter einsetzen würden, da er diese Aufgabe nicht effektiv ausüben kann. Denn nach Locke haben religiöse Bekenntnisse nur dann Wert, wenn sie aufrichtig erfolgen, und dies kann der Staat durch seine Zwangsmaßnahmen nicht garantieren. Anders ausgedrückt: Weil Glauben authentisch sein muss, um in religiöser Hinsicht wertvoll zu sein, werden die Bürger*innen den Staat niemals damit beauftragen, ihr Glaubenswächter zu sein, denn staatlich erzwungener Glaube ist nicht authentisch. Doch wenn der Staat in Glaubensfragen nicht von den Bürger*innen autorisiert wurde, hat er auch nicht das Recht, sich in ihre religiösen Angelegenheiten einzumischen, sondern muss ihren Glauben erdulden. Ebenso wie der Staat sind auch die institutionalisierten Konfessionen oder Kirchen dazu verpflichtet, es zu erdulden, wenn einige (oder alle) Bürger*innen anderen Bekenntnissen anhängen. »Denn Zwang gehört gänzlich zur Staatsgewalt, und ihrem Richterspruch unterliegt der Besitz aller äußeren Güter.« (Locke 1689b: 27) D.h., Kirchen müssen Andersgläubige deswegen erdulden, weil sie nicht dazu berechtigt sind, Zwangsmittel anzuwenden. Wie im Falle des Staates würden die Bürger*innen auch die Kirchen niemals dazu autorisieren, den richtigen Glauben durch Zwang durchzusetzen. Denn die Bürger*innen sind letztlich nicht in der Position abzuschätzen, welcher Glaube der richtige ist, so dass es riskant wäre, einer Kirche das Recht zu verleihen, ihre Konfession durchzusetzen. Schließlich müssen sich nach Locke auch Privatpersonen wechselseitig in ihren unterschiedlichen Bekenntnissen akzeptieren, d.h., »keine Privatperson [hat] das Recht, eine andere Person im Genuß ihrer bürgerlichen Rechte zu benachteiligen, weil diese zu einer anderen Kirche oder Religion gehört« (Locke 1689b: 29). Denn »[a]lle Rechte und Freiheiten, die ihm als Menschen oder Bürger zustehen, müssen ihm unverletzlich erhalten bleiben« (Locke 1689b: 29). Die Bürger*innen müssen Andersgläubige also erdulden, weil deren Recht auf Freiheit eben auch Religionsfreiheit umfasst.

Die vorangegangenen Überlegungen erwecken den Eindruck, als wäre Locke ein uneingeschränkter Verfechter religiöser Toleranz – doch dieser Anschein trügt. Tatsächlich kennt religiöse Toleranz bei Locke Grenzen, nämlich wenn es um »Widerspruch mit der menschlichen Gesellschaft oder mit den für die Erhaltung der bürgerlichen Gesellschaft notwendigen Regeln« (Locke 1689b: 91) geht. Menschen, die aus religiösen Gründen gegen diese Regeln verstoßen, müssen nach Locke nicht auf dem Staatsgebiet geduldet, sondern dürfen ausgewiesen werden. Zu ihnen gehören Locke zufolge insbesondere Atheist*innen und Katholik*innen. Denn während sich Letztere die »Machtvollkommenheit anmaßen, Könige abzusetzen« (Locke 1689b: 93), haben »Versprechen, Verträge und Eide, die das Band der menschlichen Gesellschaft sind« (Locke 1689b: 95), für Erstere keine Geltung, weil sie mit Gott die Verbindlichkeit stiftende Instanz leugnen.

Lockes Ausführungen zur Toleranz bilden ein wichtiges historisches Dokument und weisen den Liberalismus als um Toleranz bemühte politische Philosophie aus. Dennoch bleiben bei Locke verschiedene Fragen unbeantwortet: Zum einen bleibt uns Locke eine genaue Darstellung von Toleranz schuldig. Vor allem aber sollte uns erstaunen, wie Locke begründet, dass Staaten, Kirchen und Privatpersonen die Bürger*innen nicht zu einem bestimmten Glauben zwingen dürfen. Denn im *Toleranzbrief* greift Locke hauptsächlich auf pragmatische Überlegungen zurück: Niemand ist dazu autorisiert, seinen Glauben mit Zwang durchzusetzen, weil sich Glauben nicht mit Zwang durchsetzen lässt (sondern aufrichtig erfolgen muss) und weil es riskant wäre, eine Instanz zu autorisieren, wenn doch unklar ist, welches der richtige Glaube ist. Tatsächlich verfügt Locke aber über ein viel besseres Argument für religiöse Toleranz – nämlich dass Personen im Allgemeinen und die Bürger*innen eines liberalen Staats im Besonderen ein Recht auf Freiheit haben. Denn Locke könnte einfach darauf hinweisen, dass die Bürger*innen aufgrund ihres Rechts auf Freiheit ungehindert handeln und also auch ungehindert einer Religion anhängen dürfen, solange sie damit nicht andere in ihrer körperlichen Unversehrtheit oder ihrem Eigentum schädigen.[6] Im Folgenden wollen wir die Aspekte, die bei Locke unter- oder falsch belichtet bleiben, genauer in den Fokus nehmen. Damit wollen wir klären, wie genau wir uns tolerantes Verhalten vorzustellen haben und inwiefern das Recht auf Freiheit dazu führt, dass einerseits die Bürger*innen untereinander tolerant sein müssen und sich andererseits auch der Staat seinen Bürger*innen gegenüber tolerant verhalten muss.

Beginnen wir mit der Begriffsklärung. Nach Locke zeigt sich eine Person A einer anderen Person B gegenüber tolerant, wenn sie es erduldet, dass B einer Religion anhängt, die A für falsch hält. Doch warum sollte sich Toleranz nur auf religiöse Fragen beziehen? Sprechen wir nicht auch dann von Toleranz, wenn wir die vermeintlich falschen politischen Überzeugungen unserer Mitbürger*innen erdulden oder nicht gegen ihr unhöfliches Verhalten oder ihren schlechten Musikgeschmack vorgehen? Und sollte jeder Akt des Erduldens als Beispiel für Toleranz gelten? Das folgende Verständnis von Toleranz kann diese Fragen klären: *Wenn zwei Akteur*innen A und B bezüglich eines Sachverhalts S unterschiedliche Überzeugungen vertreten, handelt A tolerant gegenüber B genau dann, wenn A (1) die Überzeugung von B bezüglich S für falsch hält, (2) B effektiv darin hindern könnte, ihrer Überzeugung bezüglich S durch Äußerungen oder Taten Ausdruck zu verleihen, (3) dazu motiviert ist, B daran zu hindern, ihrer Überzeugung bezüglich S Ausdruck zu verleihen, und (4) davon Abstand nimmt,*

B daran zu hindern, ihrer Überzeugung Ausdruck bezüglich S zu verleihen. Wie im Falle von Freiheit (vgl. Kapitel 2.1) handelt es sich bei Toleranz in diesem Sinne um ein lokales Konzept, d.h., unser Verständnis verdeutlicht, was der Fall sein muss, damit A *tolerant handelt.* Ob A global gesehen tolerant ist, d.h. ob A *ein toleranter Mensch* ist, hängt davon ab, ob sie in einer ausreichenden Anzahl von Fällen tolerant handelt.

Folgendes Beispiel hilft, dieses Verständnis von Toleranz zu begründen. Nehmen wir an, A und B sind Bürger*innen des Staates S, den wir in Kapitel 2 vorgestellt hatten. Doch mittlerweile ist die Diktatorin (glücklicherweise) abgesetzt, stattdessen ist S jetzt eine liberale Demokratie. Die Bürger*innen von S müssen sich erst daran gewöhnen, dass verschiedene politische Parteien um ihre Gunst buhlen. Dabei sind insbesondere bildungspolitische Fragen immer wieder Schauplatz heftiger politischer Auseinandersetzungen. Denn Ss Bürger*innen sind davon überzeugt, dass der Fortbestand ihrer Demokratie von der nachfolgenden Generation bzw. davon abhängt, was diese weiß und was sie für richtig und falsch hält. A und B sind in allen bildungspolitischen Fragen gegenteiliger Meinung – sie können sich nicht auf ein Schulsystem einigen, sie wollen unterschiedliche Inhalte in den Lehrplänen festschreiben und halten unterschiedliche Prüfungsarten für angemessen. Nehmen wir zudem an, dass A auf einer Bürger*innenversammlung, die zu Bildungsfragen abgehalten wird, B ihre Position ausgiebig vortragen lässt. Nach unserem Verständnis stellt die Tatsache, dass A nicht dagegen vorgeht, dass B ihre Meinung äußert, einen Akt der Toleranz dar. Damit dies der Fall ist, muss zum einen erfüllt sein (wie in 1 gefordert), dass A Bs Meinung zu Bildungsfragen für falsch hält. Denn wenn A B ihre Auffassung zu Bildungsfragen vortragen lässt, weil A Bs Auffassung für korrekt hält, ist As Nicht-Eingreifen kein Akt der Toleranz, sondern der Akzeptanz. Ein Akt der Gleichgültigkeit wäre es dagegen, wenn A B ihre Auffassung zu Bildungsfragen vortragen ließe, weil A Bildungsfragen insgesamt egal sind. Zudem muss es (wie in 2 gefordert) der Fall sein, dass A effektiv dagegen vorgehen könnte, dass B ihre Auffassung auf der Bürger*innenversammlung vorträgt, damit As Nicht-Eingreifen eine tolerante Handlung ist. Denn intuitiv neigen wir dazu, tolerantes Verhalten als Leistung (oft sogar: als insgesamt lobenswerte Leistung) der Akteur*in anzusehen. Doch wenn A dazu gezwungen war, Bs Verhalten zu dulden, weil sie gar nicht in der Position war, dagegen vorzugehen (etwa weil A sich geschämt hätte, B ins Wort zu fallen), stellt ihr Nicht-Eingreifen keine Leistung, sondern eine Unvermeidbarkeit dar. Aus demselben Grund – d.h. weil tolerantes Verhalten sonst keine Leistung wäre – muss zudem der Fall sein (wie in 3 gefordert), dass A dazu motiviert ist, gegen Bs Verhalten vorzugehen. Denn wenn A schlicht zu faul oder zu müde ist, um B ins Wort zu fallen, ist die Tatsache, dass sie dies nicht tut, lediglich Resultat ihrer mangelnden Motivation und keine Leistung. Und schließlich darf A (wie in 4 gefordert) natürlich nicht dagegen vorgehen, dass B ihre Position vorträgt, sondern muss dies zulassen – denn zu intervenieren ist mit Toleranz nicht vereinbar.

Nachdem wir geklärt haben, wie man Toleranz verstehen sollte, können wir uns nun der These zuwenden, die wir am Anfang dieses Kapitels aufgestellt haben, nämlich dass zwischen Liberalismus und Toleranz eine Verknüpfung besteht. Genauer gesagt behaupten wir, dass im Liberalismus sowohl die Bürger*innen untereinander tolerant sind als auch dass sich der Staat den Bürger*innen gegenüber tolerant verhält und dass Grund für beides das Recht auf Freiheit ist. Um dies zu verdeutlichen, betrachten wir nochmals das obige Beispiel. Nehmen wir an, A akzeptiert die normative Grundannahme ihres Staates, d.h., A akzeptiert das Recht auf Freiheit. A akzeptiert also entweder (sofern S ein rechteliberaler Staat ist), dass den Bürger*innen von S bestimmte konkrete Freiheitsrechte zukommen oder (sofern S ein rechtfertigungsliberaler Staat ist) dass die Bürger*innen sich wechselseitig keiner wertvollen Handlungsmöglichkeiten berauben und also nur in einer Weise handeln dürfen, die vor den davon Betroffenen rechtfertigbar ist. Nehmen wir weiter an, den Bürger*innen von S komme das Recht auf freie Meinungsäußerung zu (sofern S ein rechteliberaler Staat ist) oder (sofern S ein rechtfertigungsliberaler Staat ist) die willkürliche Einschränkung der Redemöglichkeiten durch andere Personen sei vor den Bürger*innen nicht rechtfertigbar. In beiden Fällen spricht das Recht auf Freiheit dagegen, dass A B daran hindert, in der Bürger*innenversammlung ihre Position zu bildungspolitischen Fragen zu äußern. Bs Recht auf Freiheit räumt ihr die Möglichkeit ein, dies ungehindert zu tun, und sofern A dieses Recht akzeptiert, darf sie B nicht daran hindern – selbst wenn sie Bs Meinung für falsch hält, die Möglichkeit hätte, effektiv dagegen vorzugehen, dass B sie äußert, und hierzu auch motiviert wäre. Weil die Bürger*innen akzeptieren, dass ihnen allen gleichermaßen das Recht auf Freiheit zukommt, sind sie untereinander tolerant. Das Gleiche gilt dafür, wie sich der Staat S seiner Bürgerschaft gegenüber verhalten muss. Dass S ein liberaler Staat ist, bedeutet entweder, dass er den Bürger*innen konkrete Freiheitsrechte wie etwa das Recht auf freie Meinungsäußerung zuspricht (als rechteliberaler Staat), oder (als rechtfertigungsliberaler Staat) dass er ihnen nur diejenigen Handlungsmöglichkeiten nimmt, die wertlos sind und deren Verlust daher vor allen Bürger*innen rechtfertigbar wäre. Stellen wir uns nun vor, dass bei der Bürger*innenversammlung auch die Kanzlerin K von S anwesend ist, die in S die wichtigste Position in der Exekutive innehat. Nehmen wir zudem an, dass Bs bildungspolitische Auffassungen auch in Ks Augen falsch sind.

Doch auch für die Kanzlerin gilt, dass sie B, weil diese das Recht auf Freiheit hat, in ihrem Vortrag nicht unterbrechen darf.

Diese Überlegungen machen deutlich, warum sich ein liberaler Staat tolerant verhalten wird und warum liberale Bürger*innen dies ebenfalls tun werden. Der Grund für ihr tolerantes Verhalten ist dabei jeweils derselbe, nämlich dass allen Bürger*innen das Recht auf Freiheit zukommt. Damit haben wir demonstriert, dass es eine Verknüpfung zwischen Liberalismus und Toleranz gibt. Tatsächlich ist diese Verknüpfung sogar eine besonders enge. Denn darin, dass der Staat gegenüber seiner Bürgerschaft tolerant auftritt und diese nicht an Handlungen hindert, die er selbst für falsch hält, *drückt* sich sein Liberalismus *aus*, ebenso wie sich der Liberalismus der Bürger*innen darin ausdrückt, dass sie ihre Mitbüger*innen Handlungen vollziehen und Meinungen äußern lassen, die sie für falsch halten. Anders ausgedrückt: *Toleranz ist für einen liberalen Staat bzw. eine liberale Bürgerschaft konstitutiv – Toleranz ist, worin Liberalismus (u.a.) besteht.*

Im Laufe der Philosophiegeschichte wurde auf verschiedene Weise Kritik am Konzept der Toleranz geübt. Zwei der kritischen Ansätze, die uns im Kontext des Liberalismus besonders relevant erscheinen, wollen wir nun abschließend diskutieren. Vorgebracht werden sie als Paradoxa. Damit wollen ihre Anhänger*innen zum Ausdruck bringen, dass wir uns, falls wir uns als liberale Bürger*innen in Toleranz üben, in Widersprüchlichkeiten und Probleme verwickeln. Die erste Paradoxie kann als die *Paradoxie der Relativierung* bezeichnet werden (vgl. Forst 2003: 37). Sie beginnt mit der korrekten Beobachtung, eine tolerante Handlung impliziere, dass die Gründe, die A hat, um Bs Verhalten abzulehnen, nicht handlungswirksam werden – denn A geht ja nicht gegen B vor. Stattdessen setzen sich in As Handeln die Gründe durch, die dafür sprechen, nicht in Bs Verhalten zu intervenieren. Nennen wir Erstere, d.h. die Gründe, die nicht handlungswirksam werden, As Ablehnungsgründe und Letztere, d.h. die Gründe, die sich durchsetzen, As Toleranzgründe. Anhänger*innen der Paradoxie der Relativierung nehmen an, dass eine solche Konstellation – also dass As Toleranzgründe ihre Ablehnungsgründe ausstechen – nur eintreten kann, wenn As Toleranzgründe insgesamt Zweifel an der Korrektheit ihrer Ablehnungsgründe geweckt haben. D.h., dieser Annahme nach lässt A B ihre bildungspolitische Auffassung in der Bürger*innenversammlung deswegen vortragen, weil A plötzlich bezweifelt, dass Bs Meinung falsch ist. Für Anhänger*innen dieser Paradoxie hat Toleranz immer einen gewissen Preis – nämlich an der eigenen Position und an der eigenen ablehnenden Haltung zu zweifeln. Toleranz bedeutet also, dass man die eigene ablehnende Haltung relativiert.

Würde diese Paradoxie zutreffen, wäre das ein Problem für den Liberalismus. Wie bereits dargestellt, ist der Liberalismus auf Toleranz festgelegt, weil liberal sein (u.a.) darin besteht, tolerant zu sein. Der Paradoxie der Relativierung zufolge müssen wir aber, um tolerant zu sein, unsere eigenen Positionen bezweifeln. Intuitiv scheint das nicht attraktiv, denn an manchen unserer normativen Überzeugungen glauben wir gerechtfertigterweise festhalten zu können. Anders ausgedrückt: Wenn Toleranz wirklich impliziert, dass wir eine Haltung des *anything goes* ausprägen müssen, spricht das gegen Toleranz – denn die wenigsten von uns sind davon überzeugt, dass diese Haltung richtig ist. Doch tatsächlich trifft die Paradoxie der Relativierung aus zwei Gründen nicht zu. Zum einen haben unsere Überlegungen zum Zusammenhang von Liberalismus und Toleranz klargemacht, dass A B nicht deswegen ungehindert auf der Bürger*innenversammlung vortragen lässt, weil ihr plötzlich Zweifel daran kommen, ob Bs Position nicht doch sinnvoller ist als ihre eigene.

Vielmehr lässt A B sprechen, weil A erkennt, dass Bs Recht auf Freiheit sie vor solchen Interventionen schützt, und zwar sogar dann, wenn Bs Auffassungen falsch sind. Der Grund, warum Anhänger*innen des Liberalismus tolerant sind, ist also das Recht auf Freiheit und nicht Zweifel an ihren eigenen Positionen. Zum anderen wäre ein Verhalten wie jenes, das die Paradoxie der Relativierung beschreibt, nach unserem Begriffsverständnis ohnehin kein Fall von Toleranz. Denn wenn A Bs Ausführungen erduldet, weil sie ihr plötzlich sinnvoll erscheinen, liegt As Verhalten keine Ablehnung mehr zugrunde. Damit erfüllt As Verhalten Bedingung (1) nicht mehr und kann also aus begrifflichen Gründen nicht mehr als Toleranz angesehen werden.

Die zweite Paradoxie können wir als *Paradoxie der liberalen Selbstabschaffung* bezeichnen. Kern dieses Vorwurfs ist die Sorge, dass Personen oder Institutionen, die sich aus liberalen Gründen in Toleranz üben, zur Selbstabschaffung des Liberalismus beitragen. Denn wenn Anhänger*innen des Liberalismus tolerieren, dass dessen Gegner*innen ihre Kritik ungehindert äußern oder sogar praktisch gegen den Liberalismus vorgehen, wird dieser als politisches System nicht lange bestehen. An unserem Beispiel verdeutlicht: Nehmen wir an, A lehnt Bs Position zu bildungspolitischen Fragen deswegen ab, weil B antiliberale Vorstellungen hat und u.a. kritisiert, dass bildungspolitische Maßnahmen vor allen Bürger*innen rechtfertigbar sein müssen. Wenn A nicht dagegen vorgeht, dass B diese Meinung äußert, und B mit ihrer radikalen Auffassung Anhänger*innen gewinnt, so wird die Bildungspolitik in S – der Paradoxie der liberalen Selbstabschaffung zufolge – bald nicht mehr liberal gestaltet werden können. Vor lauter liberaler Toleranz läuft A also Gefahr, zur Abschaffung des Liberalismus insgesamt beizutragen.

Wie schon die Paradoxie der Relativierung beruht auch die der liberalen Selbstabschaffung auf einem Missverständnis. Ihre

Anhänger*innen gehen davon aus, eine Person oder Institution, die aus liberalen Gründen tolerant ist, dürfe in ihrer Toleranz keine Grenzen kennen. Deswegen müsse sie es hinnehmen, wenn andere Personen versuchen, den Liberalismus zu untergraben. Doch wenn wir uns daran erinnern, wieso Anhänger*innen des Liberalismus tolerant sind, entpuppt sich diese Sorge als haltlos. Anhänger*innen des Liberalismus sind tolerant, weil sie das Recht auf Freiheit anderer Akteur*innen anerkennen. Diesem Recht zufolge darf eine Akteur*in B ungehindert handeln, sofern B durch ihr Handeln nicht andere Akteur*innen in ihrem Recht auf Freiheit verletzt, d.h. diesen wertvolle Handlungsmöglichkeiten raubt. Verletzt sie dieses Recht, muss Bs Handeln nicht aus liberalen Gründen toleriert werden – wenn B andere in ihrem Recht auf Freiheit beschneidet, muss vielmehr aus liberalen Gründen gegen Bs Handeln eingeschritten werden. Anhänger*innen des Liberalismus sind also keinesfalls darauf festgelegt, Antiliberalen die Möglichkeit einzuräumen, gegen das Recht auf Freiheit zu verstoßen oder den Liberalismus abzuschaffen. Vielmehr sind sie, eben weil sie das Recht auf Freiheit als Recht für das wechselseitige Miteinander akzeptieren, darauf festgelegt, gegen antiliberale Positionen vorzugehen. Der Liberalismus läuft also nicht Gefahr, sich durch grenzenlose Toleranz selbst abzuschaffen.

4.2 Neutralität

Anders die Toleranz offenbart sich Neutralität nicht schon dadurch als Kennzeichen des Liberalismus, dass sie in einem klassischen Text des Liberalismus umfassend behandelt wird. Intuitiv verstehen wir Neutralität als die Eigenschaft eines Staates, genauer gesagt als die Eigenschaft, sich aus religiösen Fragen herauszuhalten. Bei Locke ist hierzu allerdings nichts zu finden (stattdessen hält er es, wie in Kapitel 4.1 dargestellt, sogar für legitim, wenn sich der Staat gegen Katholizismus und Atheismus wehrt), und auch Rawls nimmt zum Thema Neutralität in seiner *Theorie der Gerechtigkeit* nicht explizit Stellung. Dennoch versuchen einige reale liberale Staaten Neutralität umzusetzen: So hält der erste Verfassungszusatz der Verfassung der USA u.a. fest, dass der Kongress weder die Ausübung einer Religion verbieten noch eine Staatsreligion einführen darf. Als Folge dieses Zusatzes gibt es in den USA z.B. keinen Religionsunterricht an staatlichen Schulen und keine finanzielle Unterstützung seitens des Staates für die verschiedenen Kirchen. In Frankreich konstatiert Artikel 1 der Verfassung der fünften französischen Republik u.a., dass Frankreich ein laizistischer Staat und damit zur strengen Trennung von Staat und Kirche verpflichtet ist. Daraus folgt wie in den USA, dass der Staat keine Religion finanziell unterstützt und Religionsunterricht in staatlichen Schulen verboten ist; zudem dürfen in staatlichen Schulen und von staatlichen Würdenträge-r*innen keine auffälligen religiösen Symbole getragen werden. In der Bundesrepublik stellt sich die Situation dagegen anders dar. Deren Grundgesetz nimmt explizit Bezug auf Gott, und der Staat unterstützt die Kirchen logistisch, indem er für sie (gegen eine Aufwandsentschädigung) Kirchensteuer erhebt und indem Religionsunterricht an staatlichen Schulen stattfindet. Zudem sind viele christliche Feiertage auch gesetzliche Feiertage. Dennoch ist im vierten Artikel des Grundgesetzes die Glaubensfreiheit verankert.

Die reale Praxis liberaler Staaten offenbart, dass der Zusammenhang zwischen Liberalismus und Neutralität weniger klar etabliert ist als derjenige zwischen Liberalismus und Toleranz. Am deutlichsten zeigt dies der – zumindest in Europa – immer wieder hochkochende sogenannte *Kopftuchstreit* (vgl. Galeotti 2000 und Zellentin 2009). Bei dieser Auseinandersetzung dreht es sich um die Frage, ob Anhängerinnen des muslimischen Glaubens ihrer Religion durch das Tragen eines Kopftuchs Ausdruck verleihen dürfen, wenn sie im öffentlichen Raum oder als staatliche Amtsträgerinnen (etwa als Lehrerinnen oder Richterinnen) auftreten. So ist es in Frankreich etwa Schülerinnen verboten, mit Kopftuch in den Unterricht zu kommen, und auch in Deutschland haben mehrere Bundesländer ein Kopftuchverbot für Lehrkräfte an Schulen und Hochschulen erlassen – wobei das Bundesverfassungsgericht Anfang 2015 ein generelles Kopftuchverbot als Verstoß gegen die im Grundgesetz festgeschriebene Glaubensfreiheit gewertet hat, so dass einige Bundesländer ihre bestehenden Regelungen nun verändern oder fallen lassen müssen. Interessanterweise berufen sich im Streit um das Kopftuch alle Streitparteien auf das Prinzip staatlicher Neutralität: Gegner*innen des Verbots behaupten, dass der Staat implizit Partei für das Christentum oder den Atheismus bzw. gegen den Islam ergreift, da nur Anhängerinnen des Letzteren durch das Verbot Schwierigkeiten haben, im öffentlichen Raum aufzutreten. Anhänger*innen des Verbots argumentieren dagegen, der Staat stelle erst durch das Verbot sicher, dass der öffentliche Raum neutral bleibt. Würde der Staat das Kopftuch nicht verbieten (so behaupten sie), würden andere Frauen durch die Präsenz der Kopftuchträgerinnen eingeschüchtert und dazu gezwungen, ebenfalls religiöse Symbole zu tragen. Dass beide Streitparteien sich auf Neutralität berufen, zeigt neben seiner engen Verbindung zum Liberalismus, dass wir dieses Konzept noch besser verstehen müssen. Genauer gesagt müssen wir verstehen, was die Neutralität eines Staates ausmacht und warum gerade ein liberaler Staat zu ihr verpflichtet sein sollte. Diesen Fragen wollen wir uns im Folgenden widmen.

Beginnen wir auch hier mit der Begriffsklärung. Der Kopftuchstreit sowie die oben dargestellte Praxis liberaler Staaten zeigen, dass wir Neutralität intuitiv *als eine Eigenschaft des Staates und nicht seiner Bürger*innen* begreifen. Verschiedentlich wird nun vorgeschlagen, diese Eigenschaft in ihrer allgemeinsten Fassung folgendermaßen zu verstehen (vgl. Gaus 2009: 82): *Eine Handlung x eines Staates S ist gegenüber zwei Streitparteien A und B mit Blick auf ihr Konfliktthema K neutral genau dann, wenn x A und B mit Blick auf K gleich behandelt.* So verstanden ist Neutralität ebenso wie Toleranz ein lokales Konzept, da das Schema erklärt, wann eine einzelne staatliche Handlung neutral ist. Der Staat kann dagegen insgesamt als neutral gelten, wenn er in einer ausreichenden Anzahl von Fällen neutral gehandelt hat.

Das dargestellte Schema wirft drei Fragen auf: (1) Muss der Staat auf allen oder nur auf bestimmten Ebenen neutral handeln, um neutral zu sein? D.h., müssen beispielsweise nur die Beamtin*innen die Bürger*innen in noch zu klärender Weise gleich behandeln oder muss dies auch auf Ebene der Gesetzgebung oder sogar der Verfassung geschehen? (2) Muss der Staat gegenüber seinen Bürger*innen mit Blick auf alle oder nur mit Blick auf bestimmte Konfliktthemen neutral auftreten, um neutral zu sein? Die Fälle, die wir oben dargestellt haben, drehen sich alle um Fragen der Religion – aber betrifft staatliche Neutralität vielleicht auch andere Aspekte des richtigen Selbstverhältnisses und möglicherweise auch Fragen des richtigen wechselseitigen Miteinanders? Und (3) auf welche Weise muss der Staat seine Bürger*innen mit Blick auf ihre relevanten Konfliktthemen gleich behandeln, um neutral zu sein? Im Weiteren werden wir uns auf (3) konzentrieren, weil diese Frage für die konzeptionelle Klärung von Neutralität am problematischsten ist. Am Ende dieses Abschnitts werden wir nochmals auf (1) und (2) zurückkommen, aber ausgehend vom Kopftuchstreit und von der Praxis liberaler Staaten wollen wir hierzu vorerst folgende Annahmen treffen: (1) Ein neutraler Staat muss auf allen Ebenen seines Handelns neutral sein. Um dies sicherzustellen, muss aber vor allem gewährleistet sein, dass seine grundlegenden Regeln, d.h. seine Verfassung und ggf. deren Zusätze neutral sind. Und (2) zeigt sich die Neutralität eines Staates insbesondere in dessen Umgang mit Fragen der Religion, genauer gesagt darin, dass er die Anhänger*innen unterschiedlicher religiöser Bekenntnisse gleich behandelt. Doch in welcher Form von Gleichbehandlung besteht Neutralität nun genau?

Folgende Modelle bieten sich an, um auszubuchstabieren, was es bedeutet, dass ein neutraler Staat seine Bürger*innen gleich behandelt: Einerseits könnte die von seiner Neutralität implizierte Gleichbehandlung darin bestehen, *dass sich der Staat aus dem Streit um das richtige Glaubensbekenntnis heraushält.* Dieses Verständnis ist inspiriert von der Art und Weise, wie wir über neutrale Staaten im Rahmen internationaler Konflikte sprechen. Denn hier zeichnen sich neutrale Staaten eben dadurch aus, dass sie nicht in den Konflikt eingreifen. In der konkreten innenpolitischen Praxis könnte sich »Neutralität als Nicht-Eingreifen« darin äußern, dass der Staat es vermeidet, sich die Position einer der Streitparteien zu eigen zu machen, bzw. seinem Handeln keine der umstrittenen Positionen zugrunde legt. Wenn es also darum geht, die Verfassung oder konkrete Gesetze eines Staates neutral zu erlassen, darf bzw. dürfen diese nicht unter Rückgriff auf eine bestimmte religiöse Position begründet werden. Es darf also beispielsweise nicht beschlossen werden, einen Bezug auf den Gott der Religion X in die Präambel der Verfassung einzubauen oder die Erhebung einer Kirchensteuer zugunsten der Religion Y festzuschreiben, *weil* der Gott von X der wahre Gott oder Religion Y die richtige Religion ist. Denn hierdurch würde sich der Staat die Position einer der Konfessionen zu eigen machen. Diese Auffassung von Neutralität wird in der Debatte oft als *Rechtfertigungsneutralität* bezeichnet, weil sie darin besteht, *dass der neutrale Staat nicht auf die Position einer der Streitparteien zurückgreift, um sein Handeln zu rechtfertigen* (vgl. Bratu 2015: 57).

Andererseits könnte die von seiner Neutralität implizierte Gleichbehandlung darin bestehen, dass der Staat *keine der Streitparteien durch sein Handeln mit Blick auf ihren Streit stärker befördert oder behindert als die andere*. Dieses Verständnis ist inspiriert davon, dass wir häufig Schiedsrichter*innen als neutral bezeichnen. Denn eine Schiedrichter*in etwa im Fußball zeichnet sich nicht dadurch aus, dass sie sich aus dem Konflikt der Streitparteien heraushält – es wäre sehr seltsam, wenn die Schiedsrichter*in niemals eingreifen und etwa bei Foulspiel keine gelben oder roten Karten verteilen würde. Aber das Eingreifen der Schiedsrichter*in darf nur dem Zweck dienen sicherzustellen, dass die beteiligten Mannschaften die gleiche Chance auf den Sieg bekommen. Genauer gesagt soll die Chance der Mannschaften auf den Sieg von nichts anderem abhängen als vom auf die Fußballregeln bezogenen Talent und Geschick der Spieler*innen und nicht etwa davon, wer besser foulen kann. Dass die Schiedsrichter*in auf die Sicherung von Chancengleichheit festgelegt ist, impliziert dabei nicht, dass sie die Mannschaften *punktuell* immer gleich behandeln muss. Wenn Mannschaft 1 z.B. seltener foult als Mannschaft 2, ist die Schiedsrichter*in nicht dazu gezwungen, der Ersten genauso viele rote Karten zu zeigen wie der Zweiten. Das Ziel der Chancengleichheit fordert lediglich, dass die Handlungen der Schiedsrichter*in insgesamt dazu beitragen, den Sieg der Partie ausschließlich vom Talent und Glück der Spieler*innen am Ball und nicht von deren Fähigkeiten zum Foulspiel abhängig zu machen. In der konkreten staatlichen Praxis könnte sich »Neutralität als Chancengleichheit« darin zeigen, dass der Staat sicherstellt, dass alle konkurrierenden Glaubensbekenntnisse die gleiche Chance haben, ihre Position zu verkünden und dadurch um Anhänger*innen zu werben, etwa indem alle Bekenntnisse (oder aber keines) Gegenstand des Schulunterrichts werden. Diese Auffassung von Neutralität wird im philosophischen Diskurs oft als *Effektneutralität* bezeichnet, weil sie darin besteht, *dass der neutrale Staat allen Religionen die gleiche Chance auf Verbreitung und Ausübung ihres Glaubens einräumt* (vgl. Bratu 2015: 58).

Um die verschiedenen Modelle von Neutralität – also Rechtfertigungs- und Effektneutralität – zu illustrieren, wollen wir ein vom Kopftuchstreit inspiriertes Beispiel diskutieren: Nachdem die Diktatorin in S gestürzt wurde, genießen die Bürger*innen endlich mehr Freiheit, darunter auch Religionsfreiheit. Allerdings hatte die Diktatorin, als sie noch an der Macht war, die Konfession P, der sie selbst angehörte, besonders gefördert. So wurde P in der Schule unterrichtet, die gesetzlichen Feiertage in S wurden so gelegt, dass sie mit den Feiertagen von P zusammenfielen, und an vielen prominenten Plätzen in S wurden für P Kirchen und Gemeindezentren gebaut. Die anderen Konfessionen, die ebenfalls in S vertreten sind, wurden dagegen von der Diktatorin ignoriert. Um dieser Tradition der religiösen Ungleichbehandlung ein Ende zu setzen, erwägen die Bürger*innen von S nun ein Gesetz, dem zufolge der Staat in Zukunft keine Religion besonders fördern darf. Damit keine Bürger*in mehr dazu gezwungen wird, ihre Kinder in einer Religion unterweisen zu lassen, an die sie selbst nicht glaubt, oder für Gemeindezentren Steuern zu zahlen, die sie nicht in Anspruch nehmen will, sollen nun der Religionsunterricht und die Kirchensteuer insgesamt abgeschafft und alle gesetzlichen Feiertage auf neutrale Kalendertrage verschoben werden. Wäre dieses Gesetzesvorhaben neutral im Sinne von Rechtfertigungsneutralität?[7] Um dies zu beurteilen, müssen wir die Begründung betrachten, mit der die Gesetzesinitiative vorgebracht wird. Offenbar fordern die Bürger*innen das neue Gesetz nicht, weil sie erkannt zu haben glauben, dass P ein falsches Bekenntnis ist. Vielmehr geht es ihnen darum sicherzustellen, dass keine Bürger*in weiterhin durch Gesetze, die sie nicht für gerechtfertigt hält, in ihrer Freiheit eingeschränkt wird. Diese Begründung setzt nicht die Wahrheit oder Falschheit irgendeines religiösen Bekenntnisses voraus (sondern das Recht auf Freiheit der Bürger*innen) und schlägt sich also nicht auf die Seite einer der Streitparteien. Im Sinne von Rechtfertigungsneutralität wäre das Gesetzesvorhaben also neutral. Doch wäre es das auch im Sinne von Effektneutralität?

Nehmen wir an, die jahrelange Bevorzugung von P durch die Diktatorin hat dazu geführt, dass P die meisten Anhänger*innen in S hat; zudem kennen sich alle Bürger*innen von S – auch die, die nicht an P glauben – mit den Glaubenssätzen von P gut aus, weil sie diese in der Schule gelernt haben und auch im öffentlichen Leben immer wieder damit konfrontiert werden, etwa durch die prominent platzierten Gotteshäuser von P oder dadurch, dass Ps Feiertage allgemeine Feiertage sind. Nehmen wir zudem an, dass es unter diesen Bedingungen – d.h. unter Bedingungen, in denen P gesellschaftlich besonders sichtbar ist – für P besonders einfach ist, neue Anhänger*innen zu gewinnen. In diesem Fall erscheint das geplante Gesetzesvorhaben im Sinne von Effektneutralität nicht als neutral. Denn es trägt nicht dazu bei, dass die anderen Religionen die gleiche Chance wie P haben, neue Anhänger*innen zu gewinnen. Dafür müsste das Gesetz deren Chancen auf gesellschaftliche Sichtbarkeit verbessern, etwa indem es die Sichtbarkeit der bisher benachteiligten Religionen besonders fördert. Doch dies fordert das Gesetzesvorhaben gerade nicht, stattdessen sollen nun alle Bekenntnisse gleichermaßen keine Förderung mehr erhalten. Dies stellt zwar eine Form der punktuellen Gleichbehandlung dar, aber keine, die Chancengleichheit schafft; somit ist das Gesetzesvorhaben nicht effektneutral.

Gerade haben wir gezeigt, dass die beiden naheliegenden Auffassungen von Neutralität auseinanderfallen können. Wir müssen uns also für eine Lesart von Neutralität entscheiden, doch welche ist die angemessene? Verschiedentlich haben Autor*innen dafür plädiert, Neutralität als Rechtfertigungsneutralität aufzufassen, mit dem Argument, es sei zu kostspielig, Effektneutralität umzusetzen (vgl. Bratu 2015: 60 f.). Unser Beispiel hilft, dieses Argument zu illustrieren: Stellen wir uns vor, die Bürger*innen von S entscheiden sich dafür, Neutralität im Sinne von Effektneutralität zu verstehen. In diesem Fall müssten sie dafür sorgen, dass alle in S vertretenen Religionen und Bekenntnisse dieselbe Chance haben, Anhänger*innen zu gewinnen. Nehmen wir an, die Bürger*innen gehen weiterhin davon aus, dass die Chancen einer Religion, neue Anhänger*innen zu gewinnen, davon abhängen, wie hoch ihre gesellschaftliche Sichtbarkeit ist. Weil die Diktatorin jahrelang ungerechterweise nur für P geworben hat, ist Ps öffentliche Sichtbarkeit im Vergleich zu der anderer Religionen enorm. Um sicherzustellen, dass andere Bekenntnisse ebenso sichtbar wie P sind, müssten die Bürger*innen daher entweder Ps öffentliche Sichtbarkeit reduzieren oder die der anderen Religionen erhöhen. D.h., sie müssen entweder dafür sorgen, dass alle anderen Religionen neben P auch Gegenstand des Schulunterrichts werden, ebenfalls prominent platzierte Kirchen haben und ihre Feiertage ebenfalls zu gesetzlichen Feiertagen werden. Oder sie müssen einige von Ps Kirchen schließen, Religion als Schulfach bzw. Unterrichtsgegenstand abschaffen und die gesetzlichen Feiertage auf neutrale Tage legen. Beide Vorgehensweisen erscheinen unrealistisch: Einerseits wäre es sicherlich sehr teuer, den Bau vieler neuer Gotteshäuser zu finanzieren und viele neue Feiertage einzuführen. Andererseits wäre es wahrscheinlich kulturell unverantwortlich, viele von Ps Kirchen zu schließen (da Kirchen neben Glaubens- oft auch bedeutende Kulturstätten sind), ebenso wie es wahrscheinlich schwierig wäre, neutrale Tage für gesetzliche Feiertage zu finden, da viele Tage bereits religiös besetzt sind (wie z.B. – um nur die Perspektive der abrahamitischen Religionen wiederzugeben – der Freitag für den Islam wichtig ist, der Samstag für das Judentum und der Sonntag für das Christentum).

Offenbar ist Effektneutralität zumindest in Situationen, in denen eine Religion lange Zeit seitens des Staates bevorzugt wurde, ein schwer umzusetzendes Kennzeichen. Spricht dies dafür, Neutralität im Sinne von Rechtfertigungsneutralität zu verstehen? In Kapitel 2 hatten wir dargestellt, dass es manchmal angemessen sein kann, ein philosophisches Konzept nicht nach seiner intuitiven Schlüssigkeit zu beurteilen, sondern nach seiner praktischen Plausibilität – etwa wenn es, wie im Falle von Freiheit, zu ein und demselben Konzept unterschiedliche Intuitionen gibt. Dasselbe scheint mit Blick auf Neutralität der Fall zu sein, da sowohl die Lesart der Rechtfertigungsneutralität als auch jene der Effektneutralität von begrifflichen Intuitionen gestützt wird. Dennoch wollen wir an dieser Stelle ein anderes Vorgehen vorschlagen: Statt abzuwägen, welche Lesart von Neutralität einfacher umzusetzen ist, wollen wir zuerst erwägen, was eigentlich der Zusammenhang von Neutralität und Liberalismus ist. Denn möglicherweise zeigt sich, dass der Liberalismus ohnehin nur oder zumindest primär auf Rechtfertigungsneutralität und damit auf die Lesart festgelegt ist, die mit Blick auf ihre praktische Anwendung plausibler ist. Damit wenden wir uns der Frage zu, wie Liberalismus und Neutralität zusammenhängen.

Oben hatten wir festgehalten, dass ein Staat rechtfertigungsneutral agiert, wenn er sein Handeln nicht begründet, indem er auf die Position einer der Streitparteien zurückgreift. Effektneutral ist ein Staat dagegen, wenn er allen in ihm vertretenen Religionen die gleiche Chance auf Verbreitung und Ausübung ihres Glaubens einräumt. Zu fragen, was der Zusammenhang zwischen Liberalismus und Neutralität ist, bedeutet also zu fragen, ob bzw. warum ein liberaler Staat darauf festgelegt ist, in dieser Weise zu handeln. Schlüsselt man die Frage so auf, wird offensichtlich, dass zumindest ein rechtfertigungsliberaler Staat darauf festgelegt ist, rechtfertigungsneutral zu handeln. Denn ein rechtfertigungsliberaler Staat respektiert das Recht auf Freiheit seiner Bürger*innen, indem er keine Gesetze erlässt, die nicht vor allen Bürger*innen rechtfertigbar sind. Zudem setzt der Rechtfertigungsliberalismus die Asymmetriethese voraus und damit auch die Annahme, dass Fragen des richtigen Selbstverhältnisses (zu denen religiöse Fragen oft hinzugezählt werden) Gegenstand eines irreduziblen Pluralismus unter den Bürger*innen sind. Will ein rechtfertigungsliberaler Staat also das Recht auf Freiheit seiner Bürger*innen respektieren, darf er kein Gesetz unter Rückgriff auf religiöse Überlegungen rechtfertigen. Denn das fragliche Gesetz wäre nicht vor allen Bürger*innen rechtfertigbar und seine Durchsetzung daher ein Verstoß gegen deren Recht auf Freiheit. Anders ausgedrückt: *Das Recht auf Freiheit der Bürger*innen im Sinne des Rechtfertigungsliberalismus zu wahren bedeutet für den Staat nichts anderes, als rechtfertigungsneutral zu handeln.* Zudem folgt hieraus eine Antwort auf die oben aufgeworfenen Fragen (1) und (2), d.h. auf welcher Ebene staatliches Handeln in einem rechtfertigungsliberalen Staat neutral sein muss und gegenüber welchen Konfliktthemen: Da ein rechtfertigungsliberaler Staat die Freiheit seiner Bürger*innen in all seinen Handlungen respektieren muss und da der Respekt vor Freiheit Rechtfertigungsneutralität impliziert, muss der rechtfertigungsliberale Staat auf allen Ebenen seines Handelns neutral sein. Und da der rechtfertigungsliberale Staat die Freiheit seiner Bürger*innen respektiert, indem er sein Handeln nie unter Rückgriff auf irreduzibel umstrittene Auffassungen zum richtigen Selbstverhältnis begründet, muss er gegenüber all diesen Auffassungen und nicht nur gegenüber religiösen Fragen neutral sein.

Ein ähnlich enger, nämlich begrifflicher Zusammenhang liegt für Effektneutralität und Rechtfertigungsliberalismus dagegen nicht vor. Denn daraus, dass der rechtfertigungsliberale Staat darauf achten muss, dass seine Gesetze vor allen Bürger*innen rechtfertigbar sind, folgt nicht automatisch die Pflicht, allen Religionen die gleiche Chance auf Verbreitung und Ausübung ihres Glaubens einzuräumen. Effektneutralität ist also keine rein begriffliche Implikation des Rechtfertigungsliberalismus, d.h., es ist nicht der Fall, dass rechtfertigungsliberal zu sein bedeutet, effektneutral zu handeln. Damit ist zwar nicht ausgeschlossen, dass ein Gesetzesvorhaben, das den Staat auf Effektneutralität festlegt, vor allen Bürger*innen eines rechtfertigungsliberalen Staats rechtfertigbar ist, da Chancengleichheit eine wichtige Norm des wechselseitigen Miteinanders darstellt. Doch damit ist nur gezeigt, dass Effektneutralität mit Rechtfertigungsliberalismus vereinbar ist, nicht aber, dass der Rechtfertigungsliberalismus auf diese festgelegt ist.

Fassen wir zusammen: Oben haben wir gesehen, dass es intuitiv zwei Arten gibt, die Gleichbehandlung der Bürger*innen durch den Staat, die Neutralität impliziert, auszubuchstabieren, nämlich entweder im Sinne von Rechtfertigungs- oder im Sinne von Effektneutralität. Zudem haben wir argumentiert, Effektneutralität sei unter bestimmten Umständen schwer umzusetzen. Daraufhin haben wir gefragt, welche der beiden Lesarten von Neutralität sich ein liberaler Staat zu eigen machen sollte. Es wurde deutlich, dass der Rechtfertigungsliberalismus darauf festgelegt ist, rechtfertigungsneutral zu handeln. Denn wenn er die Freiheit seiner Bürger*innen respektieren will, darf der rechtfertigungsliberale Staat sein Handeln nicht unter Rückgriff auf umstrittene Auffassungen zum richtigen Selbstverhältnis rechtfertigen – sein Handeln wäre dann nicht mehr vor allen Bürger*innen rechtfertigbar. Zudem wurde deutlich, dass Effektneutralität zwar mit Rechtfertigungsliberalismus vereinbar sein kann (nämlich wenn es vor allen Bürger*innen rechtfertigbar ist, allen umstrittenen Selbstverhältnissen die gleiche Chance auf Verbreitung und Ausübung einzuräumen), aber nicht notwendig aus diesem folgt. Kehren wir vor diesem Hintergrund nochmals zu unserem Beispiel zurück: Die Bürger*innen von S erwägen, ob sie ein Gesetz beschließen sollen, dem zufolge der Staat keine Religion besonders fördern darf. Die Begründung für dieses Gesetzesvorhaben ist, dass die bisherige Praxis das Recht auf Freiheit einiger Bürger*innen eingeschränkt, da sie etwa ihre Kinder in einen Schulunterricht schicken müssen, den sie für falsch halten. Gleichzeitig ist klar, dass sich dieses Vorhaben nicht neutral auf die Chancen der verschiedenen Religionen auswirken wird, neue Anhänger*innen zu gewinnen. Denn der öffentlichen Sichtbarkeit von Religion P, die lange Zeit bevorzugt worden war, wird dadurch nichts entgegengesetzt. Unserer Analyse zufolge handelt ein rechtfertigungsliberaler Staat in dem für ihn relevanten Sinne neutral, wenn er das Gesetz erlässt. Denn der Rechtfertigungsliberalismus ist lediglich auf Rechtfertigungsneutralität festgelegt.

4.3 Privatheit

Genau wie Toleranz und Neutralität stellt Privatheit ein Kennzeichen dar, das wir intuitiv mit liberalen Staaten in Verbindung bringen. Genauer gesagt scheint die Meinung weit verbreitet zu sein, dass ein liberaler Staat die Privatsphäre seiner Bürger*innen sowohl achten als auch schützen muss. Ein Indiz dafür, dass Privatheit ein Kennzeichen des Liberalismus sein könnte, ist etwa die Tatsache, dass sich mit Mill ein wichtiger Vertreter des Liberalismus zu diesem Thema Gedanken gemacht hat. Zwar spricht Mill in seinen Essay *Über die Freiheit* nicht explizit von Privatheit, aber seine Ausführungen lassen vermuten, dass es ihm um diese geht. In dieser Schrift argumentiert Mill für ein liberales Recht auf Freiheit, wobei er explizit betont, dass es

> »auch Schutz [braucht, CB/MD] gegen die Tyrannei des vorherrschenden Meinens und Empfindens, gegen die Tendenz der Gesellschaft, durch andere Mittel als zivile Strafen ihre eigenen Ideen und Praktiken als Lebensregeln denen aufzuerlegen, die eine abweichende Meinung haben, die Entwicklung in Fesseln zu schlagen, wenn möglich die Bildung von Individualität, die nicht mit ihrem eigenen Kurs harmoniert, zu verhindern und alle Charaktere zu zwingen, sich nach ihrem eigenen Modell zu formen. Es gibt eine Grenze für die rechtmäßige Einmischung öffentlicher Meinung in die persönliche Unabhängigkeit, und diese Grenze zu finden und gegen Übergriffe zu schützen ist für eine gute Verfassung der menschlichen Angelegenheiten ebenso unerläßlich wie Schutz gegen politische Willkür.« (Mill 1859: 10)

Mills Forderung nach einer »Grenze für die rechtmäßige Einmischung öffentlicher Meinung in die persönliche Unabhängigkeit« klingt wie ein Plädoyer für Privatheit. Mit der Dichotomie von Öffentlichem und Privatem greift er dabei eine Unterscheidung auf, die in der politischen Philosophie schon seit Aristoteles eine herausragende Rolle spielt. Dieser trennte die menschlichen Lebensbereiche in die politische Sphäre, die *polis*, auf der einen Seite und die familiäre bzw. häusliche Sphäre, den *oikos*, auf der anderen Seite. Wo die Grenze zwischen dem Privaten und dem Öffentlichen genau zu ziehen ist, unterliegt allerdings einem historischen und kulturellen Wandel (vgl. Seubert 2010) und muss von den Bürger*innen eines liberalen Staates immer wieder neu ausgehandelt werden. Für den zeitgenössischen Rechtfertigungsliberalismus scheint sie etwa entlang der Asymmetriethese, die wir in Kapitel 3 vorgestellt haben, zu verlaufen: Umfassende Lehren zum richtigen Selbstverhältnis sind staatlichen Eingriffen entzogen und somit privat, anders als die Regeln des wechselseitigen Miteinanders, die der Staat durch seine Gesetzgebung bestimmen darf und die somit öffentlich sind. Doch was genau ist mit Privatheit und ggf. dem Recht auf diese oder auf Privatsphäre gemeint? Und was genau haben diese Konzepte mit der normativen Grundannahme des Liberalismus, also dem Recht auf Freiheit, zu tun? Diesen Fragen wollen wir uns im Folgenden zuwenden.

Beginnen wir wieder mit einer Begriffsklärung. Die Bedeutung der Begriffe »Privatheit« bzw. »Privatsphäre« ist facettenreich. Das liegt u.a. daran, dass »privat« ein komplexes Prädikat darstellt, welches wir ganz unterschiedlichen Gegenständen zuschreiben (vgl. Rössler 2001: 17). So bezeichnen wir sowohl gewisse Entscheidungen, Handlungen und Verhaltens- oder Lebensweisen als auch bestimmtes Wissen, Informationen und Daten sowie spezielle Orte als privat. In westlichen Gesellschaften werden beispielsweise die Religion oder das Sexualverhalten als Privatsache aufgefasst. Es ist also die private Entscheidung der Person, welche Verhaltens- oder Lebensweisen sie in diesen Zusammenhängen wählt, d.h. ob sie etwa Muslima oder Buddhistin ist und eher homo- oder eher heterosexuell lebt. Niemand darf ihr in diese Angelegenheiten unerwünscht hineinreden oder sie bei der Ausübung hindern. Auch dass es gewisse personenbezogene Informationen gibt, die als privat im Sinne von geheim angesehen werden, erscheint uns in westlichen Demokratien als selbstverständlich, obwohl die massive Nutzung des Internets diesbezüglich ganz neue Fragen und Probleme aufgeworfen hat. So wird z.B. die Veröffentlichung der Internetaktivität von Personen (etwa ihrer Google-Suchanfragen) allgemein als Eingriff in ihre Privatsphäre wahrgenommen. Schließlich gehört es zu unserem gesellschaftlichen Selbstverständnis, dass wir die eigene Wohnung bzw. das eigene Zimmer als privaten Ort betrachten, der nicht einfach von jedem betreten werden darf. *Was Privatheit in all diesen verschiedenen Lebensbereichen auszeichnet, ist die Kontrolle über den Zugang Dritter zu diesen Lebensbereichen.* Wir wollen uns an dieser Stelle der Auffassung Beate Rösslers anschließen und Privatheit folgendermaßen definieren: Privat ist ihr zufolge etwas »dann, wenn man selbst den Zugang zu diesem ›etwas‹ kontrollieren kann« (Rössler 2001: 23).

Ausgehend von den skizzierten unterschiedlichen Gegenständen und Lebensbereichen, die wir als privat bezeichnen, können wir mit Rössler drei Formen der Privatheit unterscheiden (vgl. Rössler 2001: 25). *Dezisionale* Privatheit liegt dann vor, wenn wir mit Blick auf unsere Entscheidungen, Handlungen, Verhaltens- oder Lebensweisen sicherstellen können, dass niemand auf unerwünschte Weise in diese eingreift. Dabei geht es insbesondere um zwei mögliche Arten des Eingriffs: An privaten Entscheidungen, Handlungen, Verhaltens- oder Lebensweisen dürfen uns andere Personen nicht hindern, zudem dürfen sie uns in diese auch nicht unerwünscht hineinreden. Anders ausgedrückt: *Entscheidung, Handlung, Verhaltens- oder Lebensweise x fällt in die Privatsphäre einer Person A genau dann, wenn A sicherstellen kann, dass keine andere Person B sie an x hindert oder ihr ohne ihre Zustimmung in die Ausführung von x hineinredet.* Wenn in einer Gesellschaft z.B. das Sexualverhalten der Bürger*innen in diesem Sinne als privat gelten soll, muss ein Rahmen geschaffen werden, der die Bürger*innen hinreichend davor schützt, dass andere in ihr Sexualverhalten eingreifen (sei es verbal, indem sie die Person kritisieren oder belästigen, oder durch handfestere Eingriffe). Um dezisionale Privatheit zu schaffen, braucht es also den »Schutz vor Einspruchs- und Eingriffsmöglichkeiten anderer bei bestimmten privaten Entscheidungen, Handlungen, Verhaltens- oder Lebensweisen« (Rössler 2001: 25).

Informationelle Privatheit besteht dann, wenn wir die Kontrolle darüber besitzen, wer Zugang zu bestimmten Informationen, Wissen oder Daten über uns erhält und wer nicht. *Demnach fällt eine bestimmte Information, bestimmtes Wissen oder eine Menge Daten x über Person A genau dann in As Privatsphäre, wenn A sicherstellen kann, dass keine andere Person B ohne ihre Zustimmung Zugriff auf x hat.* Für informationelle Privatheit spricht, dass wir in vielen Lebensbereichen nicht von anderen Personen beobachtet oder belauscht werden wollen, ebenso wie wir nicht wollen, dass die so gesammelten Daten an Dritte weitergegeben werden. Vielmehr möchten wir selbst entscheiden, wem welches Maß an Wissen über uns zugänglich ist und wem dieses vorenthalten wird. Das betrifft, wie bereits erwähnt, z.B. unsere Internetaktivität. Ein Anspruch auf informationelle Privatheit in diesem Kontext impliziert u.a., dass der Staat Gesetze erlässt, die sicherstellen, dass beispielsweise unsere Google-Suchanfragen nicht einfach weitergegeben werden dürfen.

Lokale Privatheit ist schließlich dann gegeben, wenn wir den Zugang Dritter zu gewissen persönlichen Orten kontrollieren können, d.h. wenn wir selbst bestimmen können, wer wann und unter welchen Umständen unsere Wohnung bzw. unser Zimmer betritt und wer nicht (vgl. Rössler 2001: 25). *Ein Ort x fällt also genau dann in die Privatsphäre einer Person A, wenn A sicherstellen kann, dass keine andere Person B ohne ihre Zustimmung Zugang zu x hat.* In unseren privaten Räume können wir (zumindest innerhalb gewisser Grenzen) tun und lassen, was wir wollen. Sie stellen sowohl den Ort dar, an dem wir einen Großteil unserer intimen Beziehungen ausleben (z.B. Familie und Partnerschaft), als auch den Ort, an dem wir uns zurückziehen und allein sein können.

Inwiefern lässt sich nun ausgehend von diesem Verständnis von Privatheit bzw. Privatsphäre die eingangs dargestellte Intuition einholen, dass Privatheit ein Kennzeichen des Liberalismus ist? Zuerst wollen wir klären, wem Privatheit innerhalb eines liberalen Staates zukommt. Aus dem Gesagten sollte deutlich geworden sein, dass Privatheit – anders als Neutralität oder Toleranz – keine Eigenschaft ist, die entweder dem Staat (wie bei der Neutralität) oder dem Staat und den Bürger*innen (wie bei der Toleranz) zukommt. Vielmehr handelt es sich bei Privatheit um ein Privileg, also um einen positiven Zustand, den die Bürger*innen genießen können oder eben nicht. Um in den Genuss dieses Privilegs zu kommen, d.h. um vor Einspruchs- und Eingriffsmöglichkeiten Dritter (seien dies nun der Staat, andere Personen oder auch Gruppen von Personen wie etwa Unternehmen) in die als privat angesehenen Lebensbereiche geschützt zu sein, brauchen die Bürger*innen ein *Recht auf Privatheit oder Privatsphäre.* Ein solches Recht erlaubt ihnen, den Zugang Dritter zu den verschiedenen dargestellten Lebensbereichen zu kontrollieren. Das Recht auf Freiheit, das der Liberalismus den Bürger*innen zuspricht, kann nun genau diese Rolle übernehmen. Am deutlichsten wird dies sicherlich mit Blick auf einen Teilbereich dezisionaler Privatheit. Wir hatten bereits festgehalten, dass Entscheidungen, Handlungen, Verhaltens- oder Lebensweisen u.a. genau dann in die Privatsphäre einer Person A fallen, wenn A sicherstellen kann, dass keine andere Person sie an diesen hindert. Das Recht auf Freiheit besagt nun, dass eine Person A an keiner wertvollen Handlung gehindert werden darf. Dadurch, dass As Recht auf Freiheit festschreibt, dass A nicht an wertvollen Handlungen gehindert werden darf, eröffnet es A – metaphorisch gesprochen – einen Möglichkeitsraum, zu dem keine andere Person Zugang hat, und damit dezisionale Privatheit. *Insofern As dezisionale Privatheit dann gegeben ist, wenn A sicherstellen kann, dass andere Personen sie nicht an bestimmten Entscheidungen, Handlungen, Verhaltens- oder Lebensweisen hindern, ermöglicht ihr das Recht auf Freiheit genau diese* (vgl. Rössler 2001: 144 ff.).

Aber wie bereits dargestellt, umfasst As Privatheit noch spezifischere Aspekte. Damit A in umfassendem Sinne dezisionale Privatheit genießt, muss A auch sicherstellen können, dass ihr niemand unerwünscht in Entscheidungen, Handlungen, Verhaltens- oder Lebensweisen hineinredet, für informationelle Privatheit muss A kontrollieren können, dass niemand ohne ihre Zustimmung Zugang zu Informationen über A erhält, und für lokale Privatheit, dass niemand ohne As Einwilligung Zugang zu ihrer Wohnung bzw. zu ihrem Zimmer hat. Sichert das liberale Recht auf Freiheit A auch diese Möglichkeitsräume? Beim oben diskutierten Teilbereich dezisionaler Privatheit war der Zusammenhang zum Recht auf Freiheit augenfälliger. Schließlich bestand dieser Teilbereich gerade in dem, was das Recht auf Freiheit sicherstellt, nämlich darin, an bestimmten Handlungen nicht gehindert zu werden. Doch auch für die spezifischeren Aspekte lässt sich ein Zusammenhang zum Recht auf Freiheit nachweisen, insbesondere wenn wir uns nochmals das Mill-Zitat ins Gedächtnis rufen, mit dem wir diesen Abschnitt begonnen haben.

Mill macht dort deutlich, wie wichtig es für uns ist – für unsere persönliche Unabhängigkeit genauso wie für die Ausbildung unserer Individualität –, Schutzräume zu haben, in die uns niemand hineinreden kann und zu denen wir den Zugang Dritter kontrollieren können (für eine ähnliche Überlegung vgl. Rössler 2001: 64 ff. und Schaub 2010: 75). Um nur ein paar Beispiele zu nennen: Wenn wir etwa wegen unseres Sexualverhaltens öffentlich kritisiert werden, wird es uns schwerfallen, dieses frei auszuleben. Wenn unsere Internetaktivität aufgrund mangelnder Datenschutzvereinbarungen an die Öffentlichkeit gerät, kann dies das Bild, das sich andere von uns machen, nachhaltig beeinträchtigen und dazu führen, dass uns gewisse Personen meiden oder wir einen gewünschten Job nicht antreten können. Und wenn unsere Wohnung allen anderen offensteht, wird es uns kaum möglich sein, dort intime Beziehungen (wie etwa Familienbeziehungen) aufzubauen oder unser Zuhause als Rückzugsort anzusehen. Den Bürger*innen den Schutzraum ihrer Privatsphäre zu nehmen würde sie also wertvoller Handlungsmöglichkeiten berauben – doch dies würde einen Verstoß gegen ihr Recht auf Freiheit darstellen. Anders ausgedrückt: *Weil es wertvoll ist, Schutzräume für die eigene Entwicklung und also umfassende dezisionale ebenso wie informationelle und lokale Privatheit zu haben, verstößt deren Einschränkung gegen das Recht auf Freiheit der Bürger*innen.* Im Rechteliberalismus müssten diese Sphären also durch eigenständige Gesetze geschützt werden, im Rechtfertigungsliberalismus wäre dagegen eine Gesetzgebung zur Beschneidung der Privatsphäre der Bürger*innen nicht vor diesen rechtfertigbar. Wie schon Toleranz und Neutralität folgt also auch Privatheit als Kennzeichen des Liberalismus aus dem Recht auf Freiheit: Dass sich legitimes staatliches Handeln am Recht auf Freiheit messen lassen muss, wird dazu führen, dass bestimmte Schutzräume dem Zugriff Dritter entzogen werden, so dass die Bürger*innen also Privatheit genießen. Das Recht auf Freiheit impliziert damit ein Recht auf Privatheit bzw. Privatsphäre.

Abschließend wollen wir auf einen Einwand hinweisen, der infrage stellt, was wir bisher angenommen haben, nämlich dass es für die Bürger*innen wertvoll ist, bestimmte Schutzräume zu haben. Dieser Einwand wurde von Feminist*innen vorgebracht und wird manchmal mit dem Schlagwort »Das Private ist politisch!« zusammengefasst (für weitere feministische Kritik am Liberalismus und seinen Annahmen vgl. Kapitel 5.1 und 5.2).[8] Genauer gesagt weisen Feminist*innen darauf hin, dass insbesondere lokale Privatheit oft missbraucht wurde (und zum Teil noch wird), um unter ihrem Deckmantel sexistische Verhaltens- und Lebensweisen zu praktizieren, die eigentlich nicht mit der normativen Grundannahme des Liberalismus vereinbar sind. Betroffene Menschen würden zwar in der öffentlichen Sphäre als frei und gleich angesehen, im Privaten jedoch oft nicht entsprechend behandelt (vgl. MacKinnon 1989, Okin 1989). Ein besonders drastisches Beispiel hierfür ist etwa, dass in Deutschland Vergewaltigung in der Ehe erst seit 1997 einen Straftatbestand darstellt, weil die Ehe lange Zeit als Teil der Privatsphäre angesehen wurde, der vor staatlichem Zugriff gänzlich geschützt war (vgl. Flügel-Martinsen 2010: 68). Wenn Feminist*innen also fordern, das Private öffentlich oder politisch zu machen, wollen sie zum Ausdruck bringen, dass bestimmte (nämlich sexistische) Entscheidungen, Handlungen, Verhaltens- oder Lebensweisen nicht vor dem Zugriff durch Dritte geschützt werden dürfen.

Sicherlich haben Feminist*innen recht mit dem Hinweis, dass das Recht auf (lokale oder dezisionale) Privatheit im soeben geschilderten Sinne missbraucht werden kann und wird. Dennoch stellt der Verzicht auf ein solches Recht keine sinnvolle Option dar. Denn wie wir gesehen haben, sind private Rückzugsorte u.a. eine wichtige Voraussetzung für wertvolle Handlungen wie etwa das Führen intimer Beziehungen oder die Entwicklung einer eigenständigen individuellen Persönlichkeit. Das Private komplett abzuschaffen und alles öffentlich zu machen wäre also ein großer Verlust. Vielmehr sollten wir unvoreingenommen klären, was als privat zu gelten hat und warum ein liberaler Staat darauf festgelegt sein sollte, unter dem Schutz der Privatsphäre vollzogene nicht-liberale Familienmodelle und Beziehungsformen zuzulassen.

Insgesamt steht die skizzierte feministische Kritik am Recht auf lokale Privatheit in einem größeren Kontext, der letztlich darauf abzielt, die traditionelle Dichotomie von Öffentlichem und Privatem abzulösen. Wie wir in Kapitel 5.1 noch näher diskutieren werden, sehen die Kritiker*innen grundsätzlich ein Problem darin, dass sich der Liberalismus zu sehr auf die Gestaltung politischer Institutionen konzentriert. Damit versäumt er anzuerkennen, dass viele Fragen, die als privat gelten, eine politische Dimension aufweisen und sich bei genauerem Hinsehen maßgeblich als Produkt politischer Weichenstellungen herausstellen. Seine Fixierung auf politische Institutionen hat zur Folge, dass der Liberalismus wichtige soziale Probleme aus dem Blick verliert und nicht bearbeitet. Ob der Liberalismus auf diesen Einwand reagieren kann, diskutieren wir ebenfalls in Kapitel 5.1. Doch zumindest einige der feministischen Kritiker*innen gestehen zu, dass am Konzept des Privaten festgehalten werden sollte, wenn dieses so modifiziert wird, dass die eben dargestellten negativen Effekte vermieden werden können (vgl. Allen 2011).

5. Kritik am Liberalismus

Nachdem wir in den vorherigen Kapiteln dargestellt haben, was die normative Grundannahme des Liberalismus ist, in welche Formen man diesen unterteilen kann und was wichtige Kennzeichen liberaler Staaten bzw. Bürgerschaften sind, wollen wir nun in diesem Kapitel einige wichtige Einwände gegen den Liberalismus zusammentragen. Dieser Überblick muss notwendigerweise unvollständig bleiben. Denn der Liberalismus ist eine philosophische Strömung mit langer Tradition und hat sich – vor allem seit dem Ende des Ost-West-Konflikts Ende des 20. Jahrhunderts – zu einem regional (wenn nicht sogar zu dem global) hegemonialen Paradigma politischer Ordnung entwickelt. Es verwundert also nicht, wenn sich im Laufe der Zeit viele Einwände gegen ihn angesammelt haben. Vor allem die zeitgenössische Kritik, auf die wir uns hier beschränken werden, nimmt dabei oft die Form von Kritik an einer konkreten liberalen Theorie an, nämlich an Rawls' Theorie der Gerechtigkeit als Fairness. Auch dies verwundert nicht, da Rawls, als seine *Theorie der Gerechtigkeit* 1971 veröffentlicht wurde, der normativen politischen Philosophie vor allem im englischsprachigen Raum zu neuer Prominenz verholfen hat. In den folgenden Überlegungen werden wir daher verschiedentlich auf Rawls' Theorie zurückkommen. Dennoch wollen wir die Kritik am Liberalismus in allgemeiner Weise darstellen, denn viele der angesprochenen Punkte spielen auch jenseits von Rawls' Werk eine Rolle.

Genauer gesagt werden wir die folgenden vier Probleme diskutieren: 1. Stellt der Liberalismus *die richtigen Fragen*? D.h., nimmt der Liberalismus die wirklich dringenden politischen Probleme der Gegenwart in den Blick oder beschäftigt er sich mit Fragen, die nur für bestimmte, ohnehin schon privilegierte soziale Gruppen relevant sind? Diesen Vorwurf bringen Kritiker*innen aus der feministischen Philosophie und den Critical Race Studies[9] vor (5.1). 2. Geht der Liberalismus zur Beantwortung dieser Fragen von *sinnvollen anthropologischen Annahmen* aus? Überschätzt er insbesondere nicht die Unparteilichkeit bzw. die Rationalität, die die Bürger*innen liberaler Staaten an den Tag legen? Und läuft der Liberalismus, sollte er in dieser Hinsicht zu optimistisch sein, nicht Gefahr, für die Machtstrukturen und -kämpfe blind zu werden, die politisches Handeln häufig prägen? Diesen Vorwurf wollen wir anhand eines berühmt gewordenen kommunitaristischen Einwands sowie einer links-schmittianischen Kritik darstellen (5.2). 3. Hat der Liberalismus *das richtige Verständnis von Rechtfertigung* und damit – da insbesondere der Rechtfertigungsliberalismus den Rechtfertigungsbegriff verwendet, um Freiheit zu begründen – von Freiheit? Auf diese Frage lassen sich die Einwände zurückführen, die in libertären und liberal-perfektionistischen Theorien zu finden sind (5.3). Und 4. ist die Antwort, die der Liberalismus auf die Frage politischer Legitimität gibt, plausibel oder *ist das Recht auf Freiheit als normative Grundannahme falsch*? Diese Frage wird von perfektionistischen bzw. kommunitaristischen Autor*innen aufgeworfen (5.4).

5.1 Die richtigen Fragen? Einwände aus der feministischen Philosophie und den Critical Race Studies

In der Einleitung haben wir den Liberalismus als Strömung der politischen Philosophie bezeichnet, die die Frage nach politischer Legitimität beantworten will. In den nachfolgenden Kapiteln haben wir diese Frage dann insbesondere als Frage nach der Legitimität politischer Institutionen verstanden. Nach unserer Rekonstruktion versucht der Liberalismus also zu klären, was die Verfassung eines Staats beinhalten oder was seine Gesetzgebung fordern muss, damit diese – bzw. (in Abhängigkeit davon) der gesamte Staat – als legitim angesehen werden kann. In Kapitel 4 haben wir deutlich gemacht, dass es zu den Kennzeichen eines liberalen Staats gehört, sich zu Fragen des richtigen Selbstverhältnisses neutral zu verhalten und den Bürger*innen eine Privatsphäre einzuräumen. Diese Art und Weise, das theoretische Projekt des Liberalismus zu charakterisieren, mag bei manchen Leser*innen die zwei folgenden Einwände hervorgerufen haben: zum einen, dass sich der Liberalismus gemäß unserer Darstellung ausschließlich für die richtige Beschaffenheit politischer Institutionen interessiert; und zum anderen, dass er auf die Frage politischer Legitimität lediglich eine abstrakte Antwort geben und also nur klären will, wann ein Staat im Allgemeinen legitim ist, und nicht, was konkrete Staaten – die eine bestimmte historische Entwicklung genommen und unter Umständen immer noch mit dieser zu kämpfen haben – tun müssen, um legitim zu sein.

Dass unsere Darstellung sich solchen Einwänden aussetzt, ist dabei kein Zufall. Dies tun viele liberale Theorieentwürfe. Paradigmatisch hierfür sind etwa die Ansätze von Locke und Rawls, die beide auf die Heuristik eines vor- bzw. nicht-staatlichen Zustands zurückgreifen, um zu klären, wie die wichtigsten Institutionen einer politischen Ordnung beschaffen sein sollten. Die

Natur- bzw. Urzustandsheuristik legt nahe, dass es dem Liberalismus darum geht, abstrakte Richtlinien für politische Legitimität (und nicht Maßnahmen für konkrete historische Konstellationen) zu geben und dass sich diese Richtlinien eben auf die wichtigsten staatlichen Institutionen (oder, in Rawls' eigenen Worten, auf die Grundstruktur) beschränken.

Für feministische Philosoph*innen sowie für Philosoph*innen aus den Critical Race Studies stellen der (vermeintliche) *Fokus des Liberalismus auf politische Institutionen sowie seine Abstraktheit* einen Fehler dar. Genauer gesagt versäumt es der Liberalismus in ihren Augen dadurch, die wirklich wichtigen politischen Fragen in den Blick zu nehmen. Stattdessen lege er sich damit auf Fragestellungen, aber auch auf inhaltliche Vorannahmen fest, die nur für ohnehin schon privilegierte soziale Gruppen relevant seien. Wie genau diese Einwände zu verstehen sind, wollen wir nun der Reihe nach erörtern.

Was also könnte daran problematisch sein, wenn sich der Liberalismus – der letztlich ja Teil der politischen Philosophie sein will – auf die Frage nach der richtigen Beschaffenheit politischer Institutionen konzentriert? Intuitiv scheint der Begriff »politische Institution« Entitäten wie das Parlament, die Regierung oder die Verfassung eines Staates zu bezeichnen, also explizit für den Zweck des Regierens geschaffene Behörden bzw. Institutionen. Doch wenn sich der Liberalismus nur auf solche konzentriert, verliert er andere wichtige soziale Arrangements aus dem Blick. Eines hiervon ist die Familie, d.h. die soziale Institution, in der Menschen einen gemeinsamen Haushalt führen und sich umeinander bzw. um abhängige Personen (wie etwa Kinder oder ältere Verwandte) kümmern. Aber auch abstraktere soziale Institutionen wie informelle Geschlechternormen, die etwa Frauen Eigenschaften wie Fürsorglichkeit und Männern Selbstbewusstsein zuschreiben, bleiben möglicherweise unbeachtet. Beide genannten Institutionen waren lange Zeit nicht Gegenstand liberaler Theoriebildung – und das, obwohl sie für die Frage des wechselseitigen Miteinanders eminente Folgen haben. Susan Moller Okin etwa weist darauf hin, dass die Arbeitsteilung in der Familie – die in traditionellen Kontexten immer noch darin besteht, dass Frauen auf Reproduktionsarbeit festgelegt sind und sich also um Haushalt und Kinder bzw. andere abhängige Personen kümmern, während Männer Erwerbsarbeit leisten – Frauen ökonomisch abhängig und damit verwundbar macht und sozial isoliert (vgl. Okin 1989: Kapitel 7). Sandra Bartky argumentiert, dass die vorherrschenden Geschlechternormen für Frauen – wonach diese feminin im Sinne von attraktiv, ungefährlich und fürsorgend sind bzw. zu sein haben (vgl. Bartky 2002: 15) – zur psychologischen und ökonomischen Unterdrückung von Frauen beitragen.

Auf den ersten Blick könnte man den Liberalismus gegen Einwände dieser Art folgendermaßen verteidigen: Der Liberalismus hat zu den genannten sozialen Institutionen nichts zu sagen, weil ihre Regulierung jenseits dessen liegt, was sich staatlich regeln lässt. Die betreffenden Fragen fallen in den Privatbereich der Bürger*innen, und als politische Philosophie interessiert sich der Liberalismus eben nur für staatlich regulierbare Lebensbereiche, oder anders ausgedrückt, nur für öffentliche Fragen. Doch Feminist*innen haben zu Recht darauf hingewiesen, dass diese Verteidigungsstrategie scheitert (vgl. auch Kapitel 4.3). Denn sie nimmt an, unsere Auffassung von Familien oder Geschlechternormen sei unabhängig von politischen Weichenstellungen. Tatsächlich werden diese vermeintlich privaten Fragen jedoch massiv von politischen Entscheidungen beeinflusst. Denn wer heiraten, gemeinsam Kinder großziehen bzw. sich scheiden lassen darf, wird durch Gesetze geregelt. Und es ist auch nicht eine natürliche Veranlagung zur Reproduktionsarbeit, sondern die Tatsache, dass die Gesellschaft nicht genug unternimmt, um Frauen Entfaltungsmöglichkeiten jenseits des Haushalts zu eröffnen, die nach wie vor dazu führt, dass traditionelle Geschlechternormen weit verbreitet sind. Anders ausgedrückt: Was auf den ersten Blick privat erscheint (wie etwa die Familie oder informelle Geschlechternormen), entpuppt sich bei näherem Hinsehen als das Produkt politischer Weichenstellungen. Wenn der Liberalismus dies übersieht, bestätigt er also den Vorwurf seiner feministischen Kritiker*innen, wichtige Fragen außer Acht zu lassen.

Viele feministische Kritiker*innen haben angemerkt, dass der Liberalismus diesen Fehler hätte vermeiden können, wenn er auf einem weniger abstrakten Grundgerüst basierte. Statt sich in hypothetischen Modellannahmen über Natur- oder Urzustände zu ergehen, sollten liberale Theoretiker*innen besser konkrete gesellschaftliche Probleme betrachten. Denn wenn man politische Philosophie ausgehend von real gegebenen gesellschaftlichen Verhältnissen betreibt, würde man den strukturellen Sexismus, von dem unsere Gegenwart nach wie vor geprägt ist, sicher nicht übersehen (vgl. Tessman 2009). Ein analoger Vorwurf wird dem Liberalismus seitens der Critical Race Studies gemacht. So hat etwa Charles Mills darauf hingewiesen, dass Rawls – den Mills als paradigmatisch für die liberale politische Philosophie ansieht – sich in seinem gesamten Werk so gut wie gar nicht mit der Frage des Rassismus oder der Praxis von *white supremacy* (also der strukturellen Besserstellung von Menschen vermeintlich europäischer Abstammung) auseinandergesetzt hat (vgl. Mills 2009: Teil 1). Nach Mills liegt der Hauptgrund für dieses Versäumnis im Abstraktionsgrad von Rawls' Theorie. Denn Rawls' erklärtes Ziel ist es, eine abstrakte Theorie staatlicher Legitimität zu entwickeln und eben nicht zu klären, was es für einen konkreten Staat – der eine konkrete Geschichte z.B. rassistischer Diskriminierung und Ausbeutung aufzuarbeiten hat – bedeuten würde, legitim zu sein. Rawls behauptet zwar, es sei notwendig, erst abstrakt über Gerechtigkeit bzw. Legitimität nachzudenken, um dann mit den so gewonnenen Kriterien konkrete Staaten auf ihre Legitimität hin bewerten zu können, doch Mills hält dies für ein Missverständnis: In Staaten, die den Rawls'schen Kriterien der Gerechtigkeit entsprechen, würde es keine Rassen – verstanden als soziale (und nicht biologische) Kategorie, deren Mitglieder aufgrund ihrer vermeintlichen Abstammung unterschiedlich behandelt werden – geben. Doch wie soll uns eine Theorie, nach der es keine Rassen gibt, etwas Informatives darüber sagen, wie wir mit Rassismus umzugehen haben (vgl. Mills 2009: 180)? Sowohl die feministische Kritik als auch die Kritik aus den Critical Race Studies bringen diesen zweiten Einwand folgendermaßen auf den Punkt: Das Problem am Liberalismus ist, dass er *ideale Theoriebildung* betreibt, d.h. sich darauf beschränkt, auf abstrakte Weise über die Legitimität politischer Ordnung nachzudenken, und deswegen zu den konkreten Problemen historisch gegebener politischer Ordnungen nichts zu sagen hat. Was wir stattdessen bräuchten, so die Kritiker*innen, sei *nicht-ideale Theoriebildung*, die von konkreten Problemlagen ausgeht.

Der Vorwurf, durch ideale Theoriebildung die relevanten gesellschaftlichen Probleme aus dem Blick zu verlieren, wiegt schwer. Zum einen, weil der Liberalismus – gerade weil er in der politischen Philosophie ebenso wie in der politischen Praxis eine so beeindruckende Erfolgsgeschichte vorzuweisen hat – in der Verantwortung steht, zu mehr Gerechtigkeit beizutragen. Wenn der politische Liberalismus wirklich das hegemoniale Paradigma politischer Philosophie unserer Zeit darstellt, wäre es intellektuell wie moralisch fragwürdig, würden seine Theoretiker*innen bestimmte politische Probleme abwerten, indem sie zu ihnen schweigen (vgl. Mills 2008 und 2009: 172). Zum anderen stellt sich die Frage, aus welchen Gründen liberale Theoretiker*innen Themen wie Sexismus oder Rassismus so lange keine Aufmerksamkeit geschenkt haben. Verschiedentlich wird spekuliert, dass dies mit ihren persönlichen Erfahrungen zu tun hat: Große Teile der liberalen philosophischen Tradition wurden von Personen in gesellschaftlich privilegierten Positionen vorgelegt, nämlich von (mehr oder weniger) vermögenden Männern vermeintlich europäischer Abstammung. Als solche waren Autoren wie Locke oder Rawls selbst niemals von Sexismus oder Rassismus betroffen (tatsächlich hat Locke sogar in den transatlantischen Sklavenhandel investiert, vgl. Losurdo 2006: Kapitel 1 sowie Mills 2017), so dass sie fälschlicherweise davon ausgehen konnten, diese Probleme existierten nicht oder seien zumindest nicht besonders dringlich. Unter Umständen ist die Vorfestlegung des Liberalismus auf ideale Theoriebildung also auch Ausdruck einer fahrlässigen und insofern moralisch problematischen Ignoranz gegenüber gesellschaftlichen Fakten.

Die Einwände, die seitens der feministischen Philosophie sowie der Critical Race Studies gegen den Liberalismus vorgebracht werden, müssen diesem zu denken geben. Denn an sich sollte der Liberalismus – mit seiner normativen Grundannahme eines Rechts auf Freiheit für alle Bürger*innen – gerade für sozial benachteiligte Gruppen eine attraktive Theorie darstellen. Für Feminist*innen der ersten Stunde war ein Liberaler wie Mill mit seiner Schrift *The Subjection of Women* (die Mill wie viele seiner Schriften gemeinsam mit seiner Ehefrau Harriet Taylor Mill erarbeitet hat, vgl. Mill 1869) noch ein wichtiger Bezugspunkt – sollten aktuelle liberale Theorieentwürfe nicht Ähnliches leisten können? Zumindest einige Kritiker*innen sind optimistisch, dass sich der Liberalismus für die Anliegen der feministischen Philosophie bzw. der Critical Race Studies öffnen kann (vgl. Nussbaum 1997 und Mills 2012 sowie 2017). Ihnen zufolge ist die liberale

Grundannahme eines Rechts auf Freiheit nicht falsch, aber der Liberalismus habe es bisher versäumt, diese radikal genug auszubuchstabieren und etwa ihre Implikationen für sexistische und rassistische Praktiken unterhalb oder jenseits der Ebene politischer Institutionen zu reflektieren. So habe der Liberalismus bisher ignoriert, dass die Freiheit der Bürger*innen eben auch in der Familie bzw. durch informelle soziale Normen unzulässig beschnitten werden kann, weshalb auch diese Themengebiete Gegenstand liberaler Theoriebildung und Politik sein müssten. Der Ratschlag dieser wohlmeinenden Kritiker*innen ist also, dass der Liberalismus seine Annahmen radikaler zu Ende denken und sich insbesondere verstärkt mit bisher zu wenig beachteten konkreten Problemen beschäftigen sollte.

5.2 Sinnvolle anthropologische Annahmen? Kommunitaristische und links-schmittianische Einwände

Kommen wir zu einem zweiten Vorwurf, der dem Liberalismus oft gemacht wird, nämlich dass er Annahmen zur Natur des Menschen trifft, die nicht sinnvoll sind. Auf den ersten Blick mag dieser Vorwurf erstaunen. Denn in der Art und Weise, wie wir den Liberalismus rekonstruiert haben, scheinen anthropologische Annahmen keine Rolle zu spielen. Wir haben das Recht auf Freiheit eingeführt und dargelegt, wie man dieses verstehen kann und was daraus für das gesellschaftliche Miteinander folgt – doch darüber, wie die Menschen sind, d.h. welche Eigenschaften ihnen verlässlich zukommen etc., haben wir nichts ausgesagt. Tatsächlich aber stecken auch in unseren Ausführungen zumindest implizit anthropologische Annahmen: Wenn man das Recht auf Freiheit wie der Rechtfertigungsliberalismus beispielsweise über allgemeine Rechtfertigbarkeit ausbuchstabiert, setzt dies voraus, dass Menschen dazu in der Lage sind, für ihre Überzeugungen Gründe anzuführen, diese abzuwägen, miteinander auszutauschen und sich schließlich von ihnen leiten zu lassen. D.h., implizit geht der Rechtfertigungsliberalismus davon aus, dass Menschen vernünftig sind. Zudem nimmt der Liberalismus an, dass das Recht auf Freiheit als normative Grundannahme für das wechselseitige Miteinander unstrittig ist. Das jedoch bedeutet, dass er implizit voraussetzt, die Bürger*innen schrieben sich selbst und allen anderen dieses Recht zu. Anders ausgedrückt: Auch wenn es der Liberalismus nicht explizit macht, hat seine normative Grundannahme – das Recht auf Freiheit – anthropologische Implikationen.

Daher ist es berechtigt, wie einige Kritiker*innen zu fragen, ob die anthropologischen Annahmen des Liberalismus sinnvoll sind. Die grundsätzliche Stoßrichtung dieser Frage ist dabei folgende: Trifft eine politische Philosophie anthropologische Annahmen, die dem, wie Menschen im Allgemeinen sind, nicht richtig Rechnung tragen, verstrickt sie sich in theoretische Schwierigkeiten. Denn nicht nur, dass sie auf falschen Annahmen beruht, ist ein Problem, sondern indem sie auf falschen Annahmen beruht, büßt sie auch an Anwendbarkeit ein. Wenn das Menschenbild eines Theorieentwurfs die Akteur*innen so, wie sie sind, nicht angemessen ernst nimmt, ist nämlich davon auszugehen, dass die Akteur*innen so, wie sie sind, diesen Entwurf nicht umsetzen (können). Im Folgenden werden wir drei Einwände dieser Art darstellen. Anschließend werden wir kurz diskutieren, inwiefern sie zutreffen.

Der erste Einwand wurde von Michael Sandel vorgebracht. Sandel bezieht sich dabei zwar explizit auf Kant und Rawls, sein Einwand kann aber auf die gesamte liberale Tradition angewendet werden (vgl. Sandel 1982 und 1984). Sandel zufolge geht der Liberalismus fälschlicherweise davon aus, dass Personen keine grundlegenden normativen Festlegungen haben, die zu hinterfragen sie nicht bereit sind. Das Einzige, woran Menschen dem Liberalismus zufolge so sehr gelegen ist, dass sie nicht bereit sind, es aufzugeben, ist ihre Fähigkeit, aus verschiedenen Optionen selbst auszuwählen (vgl. Sandel 1984: 86). Nach Sandel geht der Liberalismus also davon aus, dass wir uns nicht primär als Mitglieder einer bestimmten Familie und sozialen Gruppe mit bestimmten religiösen, politischen und ethischen Überzeugungen sehen, sondern lediglich als Wesen, die in der Lage sind, sich zwischen verschiedenen sozialen Bindungen und religiösen, politischen und ethischen Auffassungen zu entscheiden. An sich müsste Sandel diese Überlegung nicht als anthropologische Aussage formulieren, sondern könnte sie als normative Aussage fassen. D.h., Sandel könnte behaupten, dass Menschen dem Liberalismus zufolge nur ihrer Fähigkeit auszuwählen normative Relevanz zuschreiben. Doch für Sandel *konstituiert* sich eine Person durch ihre normativen Festlegungen (dass A Familie wichtig ist, macht sie z.B. zu einem Familienmenschen). Normative Festlegungen sind damit immer auch Aussagen über die so festgelegte Person und können – sofern es sich um Aussagen über alle Menschen handelt – mithin als anthropologische Aussagen verstanden werden. Wenn der Liberalismus also behauptet, dass Menschen nur ihre Wahlfähigkeit schätzen, so zeichnet er ein Bild vom Menschen als *ungebundenes Selbst* (Sandels originaler Ausdruck ist »unencumbered self«, vgl. Sandel 1984: 85) – als Selbst, dem an nichts gelegen ist als daran, selbst auswählen zu dürfen, woran ihm oder ihr im Weiteren gelegen ist.

Diese anthropologische Annahme, auf die der Liberalismus Sandel zufolge festgelegt ist, führt für diesen zu theoretischen Schwierigkeiten: Zum einen ist sie falsch, weil Menschen ihre normative Festlegungen ebenso wichtig sind wie (wenn nicht sogar wichtiger als) ihre Fähigkeit zu wählen. Und selbst wenn sie zutreffen würde, würde diese Annahme zum anderen ein wichtiges liberales Projekt unmöglich machen: Viele liberale Theorieentwürfe gehen davon aus, dass in liberalen Staaten Umverteilungsmaßnahmen allgemein rechtfertigbar sind, durch die die sozioökonomisch am schlechtesten Gestellten unterstützt werden (vgl. hierfür paradigmatisch Rawls 1971). Doch Sandel zufolge werden die reichen Bürger*innen eines Staates nur dann bereit sein, ihren ärmeren Mitbürger*innen zu helfen, wenn sie sich diesen verbunden fühlen. Der Liberalismus scheint aber gerade dieses Verbundenheitsgefühl zu leugnen. Entweder, so Sandel, wir sind ungebundene Selbste, denen an nichts liegt außer an unserer Wahlfreiheit, oder wir sehen uns als Teil einer Gemeinschaft und sind dazu bereit, sozial motivierten Umverteilungsmaßnahmen zuzustimmen (vgl. Sandel 1984: 89). Seine anthropologischen Annahmen führen den Liberalismus an dieser Stelle also in den Selbstwiderspruch.

Eine zweite Version des Einwands, der Liberalismus mache falsche anthropologische Annahmen, findet sich bei Chantal Mouffe. Mouffe zufolge verkennt der Liberalismus – insbesondere der Rechtfertigungsliberalismus – mit seiner Forderung, dass staatliches Handeln allgemein rechtfertigbar sein muss, die Natur des Politischen. Inspiriert von Carl Schmitt – einem rechtskonservativen Staatstheoretiker mit eindeutig antidemokratischen Zügen, dessen Denken sie aber eine radikal-demokratische und emanzipatorische Wendung geben will –, behauptet Mouffe, dass politische Auseinandersetzungen immer darauf abzielen, die Bürger*innen zu mobilisieren, indem sie Freund-/Feind- bzw. Wir-/die Anderen-Gegensätze konstruieren (vgl. Mouffe 1993: 50). Grund hierfür ist, dass Menschen letztlich agonal veranlagt sind, d.h. sich gerne von anderen absetzen, indem sie kollektive Identitäten ausbilden, und dass unser Verhalten insgesamt viel stärker von unseren Leidenschaften als von unserer Vernunft beeinflusst wird (vgl. Mouffe 1993: 140).

Wenn der Liberalismus das menschliche Bedürfnis, sich durch Freund-/Feind-Gegensätze von anderen abzusetzen, ignoriert und stattdessen versucht, durch vernünftiges Abwägen allgemein rechtfertigbare Regeln zu finden, untergräbt er nach Mouffe dadurch auf lange Sicht die Möglichkeit demokratischen Zusammenlebens. Denn dann werden sich die Bürger*innen populistischen oder Anti-Establishment-Parteien anschließen, die durch ihre kämpferische Rhetorik ihr agonales Bedürfnis befriedigen können (vgl. Mouffe 2005: 69). Insgesamt spricht sich Mouffe daher für ein agonales Verständnis von Demokratie aus, das anerkennt, dass es nicht auf alle Fragen des wechselseitigen Miteinanders Antworten geben kann, die allgemein rechtfertigbar sind. Statt nach solchen zu suchen und damit das menschliche Bedürfnis nach Abgrenzung auszublenden, sollten politische Parteien klare Positionen beziehen, die Unterschiede untereinander deutlich machen und den Bürger*innen zeigen, dass es politische Alternativen gibt. Nur indem der Liberalismus akzeptiert, dass Politik letztlich immer eher eine Macht- als eine Vernunftangelegenheit ist, könne er das agonale Bedürfnis der Bürger*innen kanalisieren.

Der letzte anthropologisch motivierte Einwand, den wir hier darstellen wollen, kommt von feministischer Seite. Alison Jaggar zufolge ist der Liberalismus in anthropologischer Hinsicht auf einen »normative dualism« festgelegt, d.h., der Liberalismus akzeptiert eine strikte Körper-/Geist-Trennung und spricht dabei allein dem Geistigen normative Relevanz zu. Was Menschen für den Liberalismus auszeichnet, so Jaggar, sei ausschließlich ihre Fähigkeit zur Rationalität (vgl. Jaggar 1983: 40). Hieraus folgen für den Liberalismus gleich zwei theoretische Probleme, nämlich ein politischer Solipsismus ebenso wie ein politischer Skeptizismus. Ersterer bedeutet, dass der Liberalismus die Menschen für grundsätzlich autark, d.h. für nicht aufeinander angewiesen hält.

Dass wir de facto andere Menschen brauchen – sowohl um zu überleben als auch um ein gutes menschliches Leben zu führen –, wird nämlich insbesondere ersichtlich, wenn man anerkennt, dass wir körperliche Wesen sind. Da der Liberalismus die körperlichen Bedürfnisse des Menschen aber ignoriert und ausschließlich unsere geistigen Fähigkeiten schätzt, muss ihm dieses Faktum verborgen bleiben. Aus der Annahme, dass Menschen grundsätzlich autark sind, folgt dann wiederum ein politischer Skeptizismus. Denn wenn Menschen nicht aufeinander angewiesen sind, warum sollten sie dann überhaupt Interesse an einem funktionierenden wechselseitigen Miteinander haben? Ähnlich wie bei Sandel folgt für Jaggar daher aus der falschen anthropologischen Annahme des Liberalismus dessen Unfähigkeit zu einer progressiven Sozialgesetzgebung: Wenn wir uns den Menschen als autarkes Wesen denken, das nicht auf andere angewiesen ist, werden die Bürger*innen auch nicht dazu bereit sein, sich untereinander solidarisch zu verhalten.

Was ist von diesen Einwänden zu halten? Wie wir am Anfang dieses Abschnitts deutlich gemacht haben, ist es grundsätzlich sinnvoll, den Liberalismus – wie jede andere politische Philosophie – auf seine anthropologischen Annahmen hin zu prüfen. Allerdings ist nicht klar, ob der Liberalismus tatsächlich auf die anthropologischen Annahmen festgelegt ist, die ihm Sandel und Jaggar unterstellen: Sicherlich hat Sandel recht mit der Feststellung, dass die Bürger*innen in Fragen des wechselseitigen Miteinanders das Recht auf Freiheit für die wichtigste normative Erwägung halten. Sie werden also fordern, dass staatliche Gesetze allgemein rechtfertigbar sind, und Gesetzesentwürfe, die diesem Anspruch nicht entsprechen, als illegitim ablehnen. Doch dies bedeutet nicht, dass sie darüber hinausgehende normative Festlegungen ablehnen – natürlich können die Bürger*innen weiterhin ihre familiären oder anderen sozialen Bindungen ernst nehmen und sich mit bestimmten religiösen, politischen oder ethischen Zielen identifizieren. Zwar würden sie als liberale Bürger*innen davor zurückschrecken, ihre jeweiligen Ziele auch politisch durchzusetzen, sofern diese nicht allgemein rechtfertigbar sind. Aber diese Implikation, die der Liberalismus tatsächlich hat, ist wesentlich weniger unplausibel als diejenige, die ihm Sandel unterstellt, nämlich dass den Bürger*innen gar nichts an ihren Zielen und Bindungen liegt. Ebenso ist nicht klar, warum Jaggar annimmt, Bürger*innen, die das Recht auf Freiheit akzeptieren, müssten notwendigerweise vergessen, dass Menschen auch körperlich verfasste Wesen sind, und würden deswegen ebenfalls außer Acht lassen, dass Menschen aufeinander angewiesen und nicht autark sind. Zwar setzt der Liberalismus (am explizitesten in seiner rechtfertigungsliberalen Spielart) tatsächlich voraus, dass die Bürger*innen zum vernünftigen Austausch von Argumenten fähig sind – aber gerade vernunftfähige Bürger*innen sollten die offensichtlich falschen Annahmen der Körperlosigkeit und Autarkie des Menschen nicht akzeptieren.

Schwieriger ist es, Sandels zweiten Einwand zu entkräften, also die These, dass Menschen, die das Recht auf Freiheit für die wichtigste Regel im wechselseitigen Miteinander halten, nicht dazu geneigt sein werden, anderen Menschen zu helfen. Letztlich ist dies eine empirische These und muss also von den empirisch arbeitenden Wissenschaften (in diesem Fall etwa der Psychologie und der Soziologie) bearbeitet werden. Aber in jedem Fall könnte man den Liberalismus mit folgendem Hinweis verteidigen: Sandel geht davon aus, dass unsere Bereitschaft zu helfen steigt, wenn wir uns den Menschen, denen wir helfen sollen, verbunden fühlen, etwa weil sie uns in gewisser Hinsicht ähnlich sind. Doch auch wenn es der Fall wäre, dass Solidarität Menschen leichterfällt, wenn die Hilfsbedürftigen ihnen ähneln, stellt Ähnlichkeit allein doch keinen guten Grund für Solidarität dar. Denn man sollte Menschen helfen, weil sie hilfsbedürftig sind, und nicht, weil sie einem ähnlich sind.

Kommen wir schließlich zu Mouffes Einwand, dem zufolge der Liberalismus dadurch, dass er das agonale Wesen des Menschen verkennt, den Untergang der Demokratie herbeizuführen droht. Hierauf ist zweierlei zu entgegnen: Zum einen ist Mouffes eigene anthropologische Annahme, nach der sich Menschen immer durch Freund-/Feind-Gegensätze voneinander abgrenzen wollen, selbst sehr anspruchsvoll. Dass dies der Fall sein sollte, ist nicht minder begründungsbedürftig als die liberale Annahme, dass Menschen zum gemeinsamen Suchen nach allgemein rechtfertigbaren Regeln in der Lage sind. Doch selbst wenn sich zeigen sollte, dass Menschen tatsächlich ein so starkes Bedürfnis nach Wir-/die Anderen-Gegensätzen bzw. nach einer Gemeinschaft haben, die durch die Etablierung solcher Gegensätze zumindest zeitweise geschaffen werden kann, ist noch nicht klar, warum der Liberalismus dieses Bedürfnis nicht zumindest teilweise auch befriedigen können sollte. Denn wenn der Liberalismus fordert, dass staatliches Handeln allgemein rechtfertigbar sein muss, heißt das nicht, dass er für politischen Streit keinen Raum lässt. Im Gegenteil: Um herauszufinden, welche Regelungen allgemein rechtfertigbar sind, bedarf es der kritischen Auseinandersetzung. Sollte sich Mouffes anthropologische Annahme bewahrheiten, kann der Liberalismus also die Hoffnung haben, zumindest teilweise auf sie antworten zu können.

5.3 Sinnvolles Verständnis von Rechtfertigung? Libertäre und liberal-perfektionistische Einwände

Der dritte Vorwurf, dem wir uns nun zuwenden, bezieht sich auf Annahmen, die der Liberalismus zu Fragen der Rechtfertigung trifft. Wie wir in Kapitel 3.1 deutlich gemacht haben, spielen solche Annahmen für den Liberalismus, insbesondere für den Rechtfertigungsliberalismus, eine zentrale Rolle. Zum einen dient das Konzept der allgemeinen Rechtfertigbarkeit dem Rechtfertigungsliberalismus dazu, das Recht auf Freiheit auszupacken und so die Grenzen legitimen staatlichen Handelns festzulegen. Zum anderen sichert der Rechtfertigungsliberalismus seine Anwendbarkeit dadurch, dass er die Asymmetriethese vertritt und behauptet, es könne nur zu Fragen des wechselseitigen Miteinanders Antworten geben, die vor allen Bürger*innen rechtfertigbar sind, nicht aber zu Fragen des richtigen Selbstverhältnisses (so dass Gesetzesvorhaben zu solchen Fragen gar nicht erst auf ihre Rechtfertigbarkeit hin geprüft werden müssen). Dabei hatten wir deutlich gemacht, dass der Rechtfertigungsliberalismus ein ganz bestimmtes Verständnis von Rechtfertigung vertritt: Ein Gesetzesvorhaben ist vor den Bürger*innen rechtfertigbar, wenn diese vor dem Hintergrund ihrer passend bereinigten Überzeugungen einsehen würden, dass das geplante Gesetz sinnvoll ist und erlassen werden sollte. Damit vertritt der Liberalismus einen idealisierenden, nicht aber einen abstrahierenden Rechtfertigungsbegriff. Zwar fordert er, dass die Überzeugungen der Bürger*innen, vor denen ein Gesetzesvorschlag bestehen muss, passend bereinigt – d.h. insbesondere von Widersprüchen befreit und in all ihren Implikationen durchdekliniert – wurden. Denn ohne dieses idealisierende Element wäre nicht gesichert, dass das fragliche Gesetz den Bürger*innen wirklich keine wertvollen Handlungsoptionen nimmt. Doch andererseits besteht der Rechtfertigungsliberalismus darauf, dass die Überzeugungen der Bürger*innen – und nicht irgendwelche von der epistemischen Situation der Bürger*innen abstrahierenden Überzeugungen – die Grundlage des Rechtfertigungsprozesses bilden. Der Rechtfertigungsliberalismus will die Bürger*innen also einerseits über sich hinauswachsen lassen, sie aber gleichzeitig dennoch ernst nehmen.

Zwei wichtige Einwände gegen den Liberalismus kann man nun als Kritik an diesen liberalen Annahmen zu Fragen der Rechtfertigung verstehen. Der erste Einwand wird vom sogenannten Libertarismus vorgebracht, der zweite vom sogenannten liberalen Perfektionismus (der nicht mit dem perfektionistischen Liberalismus aus Kapitel 3.2 zu verwechseln ist). Libertäre Philosoph*innen behaupten, die Asymmetriethese des Liberalismus sei noch zu optimistisch. Anders als der Liberalismus meint, bestehe nicht nur zu Fragen des richtigen Selbstverhältnisses ein irreduzibler Pluralismus, sondern auch zur Frage des richtigen wechselseitigen Miteinanders. Anhänger*innen des liberalen Perfektionismus lehnen dagegen den Rechtfertigungsbegriff ab, den der Liberalismus zugrunde legt, und plädieren statt einer lediglich idealisierenden für eine abstrahierende Auffassung von Rechtfertigung. Auf politischer Ebene führen diese philosophischen Differenzen zu gegensätzlichen Resultaten. Denn während für den Libertarismus die Handlungsmöglichkeiten eines legitimen Staates deutlich begrenzter sind als für den Liberalismus, glaubt der liberale Perfektionismus, dass ein liberaler Staat wesentlich mehr Handlungsspielraum hat, als ihm der Liberalismus zugesteht. Betrachten wir diese Einwände nun im Detail anhand der Überlegungen von Robert Nozick (der stellvertretend für den Libertarismus steht) und von Steven Wall (als Vertreter des liberalen Perfektionismus).

Beginnen wir mit dem Libertarismus. Dieser teilt die normative Grundannahme des Liberalismus, denn auch gemäß dem

Libertarismus haben Menschen ein Recht auf Freiheit, das sie wechselseitig berücksichtigen müssen und gegen das der Staat nicht verstoßen darf. Nozick bezieht sich mehrfach auf Locke und auf dessen Vorschlag, das Recht auf Freiheit im Sinne des Rechts auf körperliche Unversehrtheit sowie des Rechts auf Eigentum und Aneignung auszulegen (vgl. Nozick 1974: 25). Man könnte deswegen annehmen, dass Locke Freiheit im Sinne des Rechteliberalismus versteht. Doch im weiteren Verlauf seines wichtigen Werks *Anarchie, Staat, Utopia* legt sich Nozick praktisch darauf fest, das Recht auf Freiheit so wie der Rechtfertigungsliberalismus zu verstehen. D.h., nach Nozick respektiert der Staat das Recht auf Freiheit seiner Bürger*innen, indem er nur solche Handlungen vollzieht (also etwa: nur solche Gesetze erlässt), die vor allen Bürger*innen rechtfertigbar sind. Um dies zu veranschaulichen, benutzt Nozick die Metapher der »unsichtbaren Hand«: Ihm zufolge ist eine staatliche Ordnung genau dann legitim, wenn wir uns vorstellen können, dass die Interaktionen der Bürger*innen sie wie von unsichtbarer Hand herbeigeführt hätten (vgl. Nozick 1974: 32). Dass eine staatliche Ordnung (oder ein Teil einer staatlichen Ordnung wie beispielsweise ein Gesetz) Resultat eines solchen Prozesses der unsichtbaren Hand sein könnte, bedeutet, dass die Bürger*innen dieses Resultat selbst herbeiführen würden. Doch wenn die Bürger*innen dieses Resultat selbst herbeiführen würden, ist dieses vor ihnen rechtfertigbar – denn warum sollten sie es herbeiführen, wenn in ihren Augen nichts dafür spricht? Nozick bestimmt das Recht auf Freiheit also wie der Rechtfertigungsliberalismus als allgemeine Rechtfertigbarkeit.

Da Nozick die normative Grundannahme des Liberalismus teilt, könnte man vermuten, dass er auch für einen ähnlichen Staat plädiert wie prominente liberale Theorieentwürfe. Doch von diesen – insbesondere von Rawls' *Theorie der Gerechtigkeit* –

will sich Nozick dezidiert absetzen. Denn er behauptet, dass über einen Prozess der unsichtbaren Hand lediglich ein Minimalstaat zustande käme, d.h. dass nur ein Minimalstaat vor den Bürger*innen rechtfertigbar sei. Unter einem Minimalstaat versteht Nozick dabei einen Rechtsstaat, der das Gewaltmonopol innehat und das Freiheitsrecht der Menschen, die auf seinem Territorium leben (also der Bürger*innen), schützt. Der Staat darf also aktiv werden, um sicherzustellen, dass die Bürger*innen sich nicht wechselseitig in ihrer körperlichen Unversehrtheit verletzen oder ihr rechtmäßiges Eigentum rauben, zudem darf er sie gegen Übergriffe von außen verteidigen. Doch andere Maßnahmen – insbesondere sozialstaatliche Maßnahmen, die allen Bürger*innen ein Minimum an Wohlstand und sozialer Teilhabe sichern – sind dem Staat nach Nozick legitimerweise nicht möglich. Würde der Staat für sozialstaatliche Maßnahmen Steuern erheben, wäre das »mit Zwangsarbeit gleichzusetzen« (Nozick 1974: 159). Nozick veranschaulicht diese starke These anhand des Beispiels des erfolgreichen Basketball-Spielers Wilt Chamberlain[10]: Wilt ist ein so virtuoser Spieler, dass die Zuschauer*innen bereit sind, einen Aufpreis für Spiele zu zahlen, bei denen er zu sehen ist. D.h., die Zuschauer*innen sind freiwillig bereit, für eine Dienstleistung, die Wilt ebenfalls freiwillig bereitstellt, mehr Geld zu zahlen. Jeder Aspekt dieser Interaktion (also sowohl Wilts Spielen als auch die Zahlungsbereitschaft des Publikums) ist mit dem Recht auf Freiheit aller Beteiligten vereinbar – warum also sollte Wilt am Ende des Jahres einen Teil des Gewinns aus dieser Interaktion an den Staat abgeben müssen (vgl. Nozick 1974: 152–155)? Diese Überlegungen Nozicks lassen sich folgendermaßen zusammenfassen: Nozick zufolge impliziert das Recht auf Freiheit keine sozialstaatlichen Maßnahmen; dass einige Bürge-r*innen weniger ökonomische Mittel haben als andere, stellt also an sich keinen Verstoß gegen das Recht auf Freiheit der weniger

Begünstigten dar. Ökonomische Ungleichheit allein kann also noch nicht für sozialstaatliche Umverteilung sprechen. Darüber hinaus nimmt Nozick an, dass sozialstaatliche Maßnahmen nicht mit dem Recht auf Freiheit kompatibel sind. Denn das Beispiel von Wilt soll bei den Leser*innen die Intuition wachrufen, dass sich Umverteilungsmaßnahmen nicht vor den Bürger*innen rechtfertigen lassen. Implizit behauptet Nozick also, die Asymmetriethese des Liberalismus sei zu optimistisch. Denn ob sozialstaatliche Maßnahmen gerechtfertigt sind oder nicht, ist eine Frage des wechselseitigen Miteinanders, zu welcher es zumindest für Autoren wie Rawls eine vor allen Bürger*innen rechtfertigbare Antwort gibt (nach Rawls nämlich: sein zweiter Grundsatz der Gerechtigkeit, insbesondere sein Differenzprinzip). Mit dem Beispiel von Wilt Chamberlain will Nozick an dieser Annahme Zweifel wecken.

Fassen wir zusammen: Libertäre Philosoph*innen stimmen mit dem Liberalismus darin überein, den Menschen im Allgemeinen und den Bürger*innen eines liberalen Staates im Besonderen das Recht auf Freiheit zuzusprechen. Auch gesteht der Libertarismus zu, dass man dieses Recht sinnvollerweise im Stile des Rechtfertigungsliberalismus ausbuchstabieren und dafür einen idealisierenden Rechtfertigungsbegriff zugrunde legen sollte. Liberalismus und Libertarismus unterscheiden sich aber in ihren Annahmen darüber, welche Gesetzesvorhaben sie für vor den Bürger*innen rechtfertigbar halten. Zwar glauben beide Theorieschulen, dass es zu Fragen des richtigen Selbstverhältnisses irreduziblen Pluralismus gibt, doch anders als der Liberalismus glaubt der Libertarismus, dies gelte auch für sozialpolitische Maßnahmen. Weil für ihn Antworten auf Probleme der Verteilungsgerechtigkeit ebenso wenig allgemein rechtfertigbar sind wie Antworten auf die Frage nach dem richtigen Selbstverhältnis, kann man den Libertarismus also als eine Radikalisierung des Liberalismus verstehen (vgl. Gaus 2010).

Während der Libertarismus die liberale Annahme darüber, welche Fragen sich allgemein rechtfertigbar beantworten lassen, anzweifelt, kritisiert der liberale Perfektionismus die liberale Auffassung von Rechtfertigung. Kennzeichen des liberalen Perfektionismus ist einerseits, dass er das Recht auf Freiheit der Bürger*innen und damit – wenn man dieses im Sinne des Rechtfertigungsliberalismus versteht – die Notwendigkeit anerkennt, dass staatliche Handlungen vor allen Bürger*innen rechtfertigbar sein müssen (vgl. Wall 2009: 109). Dieses liberale Element unterscheidet ihn von anderen Varianten des Perfektionismus, auf die wir in Kapitel 5.4 zu sprechen kommen. Sein perfektionistisches Element besteht andererseits in der Annahme, dass der Staat dazu herangezogen werden darf oder sogar sollte, die Bürger*innen darin zu unterstützen, das richtige Selbstverhältnis auszubilden und zu leben (vgl. Wall 2009: 100 ebenso wie Wall 1998: 8). Der Staat darf oder sollte also dazu verwendet werden, Menschen dazu zu bringen, ein gelungenes Leben zu führen und sie somit in dieser Hinsicht vollkommener zu machen. Die Kombination dieser beiden Elemente bringt den liberalen Perfektionismus in eine theoretische Zwickmühle: Entweder er muss die Asymmetriethese des Liberalismus leugnen. Denn wenn diese zutrifft, kann der Staat nicht zu Fragen des richtigen Selbstverhältnisses aktiv werden, da zu diesen laut der Asymmetriethese irreduzibler Pluralismus besteht, so dass staatliche Maßnahmen nicht vor allen Bürger*innen rechtfertigbar wären. Oder er muss einen anderen Rechtfertigungsbegriff verwenden als die liberale Tradition, damit die Tatsache, dass nicht alle Bürger*innen einsehen würden, warum ein geplantes Gesetz sinnvoll ist und erlassen werden sollte, nicht dagegen spricht, dieses Gesetz als allgemein rechtfertigbar anzusehen.[11]

Wie bereits angedeutet, wählt der liberale Perfektionismus den zweiten Weg. Genauer gesagt unterscheidet Wall in seiner Theorie zwischen zwei verschiedenen Auffassungen von Rechtfertigung (vgl. Wall 2009: 112), nämlich zwischen *Rechtfertigung im eigentlichen Sinne* (justification simpliciter) und *Rechtfertigung gegenüber jemandem* (relational justification). Nach Wall ist eine staatliche Handlung wie beispielsweise ein Gesetzesvorhaben im eigentlichen Sinne gerechtfertigt, wenn gute Gründe dafür sprechen – unabhängig davon, ob die Bürger*innen epistemisch dazu in der Lage sind, diese guten Gründe nachzuvollziehen. Gegenüber den Bürger*innen gerechtfertigt ist ein Gesetzesvorhaben dagegen dann, wenn gute Gründe dafür sprechen und die Bürger*innen zudem epistemisch dazu in der Lage sind, diese guten Gründe nachzuvollziehen (vgl. Wall 2009: 112). Damit entspricht Walls Unterscheidung von Rechtfertigung im eigentlichen Sinne und Rechtfertigung gegenüber jemandem der Unterscheidung zwischen abstrahierender und idealisierender Rechtfertigung, die wir in Kapitel 3.1 eingeführt hatten. Doch anders als der Liberalismus behauptet Wall, das richtige Verständnis von Rechtfertigung sei das abstrahierende. Der Effekt dieser begrifflichen Entscheidung ist, dass ein Gesetzesvorhaben als vor den Bürger*innen rechtfertigbar angesehen werden kann, auch wenn die Bürger*innen sich aufrichtig und hartnäckig darüber streiten, und zwar nachdem die passende Bereinigung ihrer Überzeugungen erfolgt ist. Denn dass sich die Bürger*innen darüber streiten, muss nicht bedeuten, dass es keine guten Gründe gibt, die für dieses Vorhaben sprechen – vielleicht sind die Bürger*innen aufgrund ihrer epistemischen Situation einfach nicht dazu in der Lage, diese einzusehen. Konkret erlaubt es dieses alternative Verständnis von Rechtfertigung dem liberalen Perfektionismus, den Staat mit Blick auf Fragen des richtigen Selbstverhältnisses aktiv werden zu lassen. So kann der Staat nach Wall z.B. Gesetze erlassen, die den Bürger*innen einen gesunden Lebenswandel vorschreiben. Denn hierfür sprechen gute Gründe. Wall leugnet nicht, dass einige Bürger*innen diese guten Gründe möglicherweise nicht einsehen können werden, auch nachdem sie ihre Überzeugungen passend bereinigt haben. Doch in seinen Augen bedeutet dies nicht, dass diese Gesetze das Recht auf Freiheit der Bürger*innen verletzen. Denn um diesem zu entsprechen, müssen Gesetze eben nicht gegenüber den Bürger*innen, sondern im eigentlichen Sinne gerechtfertigt sein und dürfen also von der epistemischen Situation der Bürger*innen abstrahieren.

Wie soll der Liberalismus auf diese Einwände reagieren? Den Streit mit dem liberalen Perfektionismus kann er auf rein theoretischer Ebene ausfechten. Hier muss der Liberalismus zeigen, dass sein Verständnis von Rechtfertigung angemessener ist als jenes, für das etwa Wall plädiert. Dabei wird die Auseinandersetzung eine praktische Form annehmen. D.h., Anhänger*innen des Liberalismus und des liberalen Perfektionismus müssen jeweils Intuitionen zum Begriff »Rechtfertigung« sammeln und mit dem Verständnis abgleichen, für das sie eintreten, wobei sie aber auch deutlich machen müssen, welche praktischen Ziele sie mit ihrem Verständnis verfolgen. Letztlich sollten wir uns demjenigen Lager anschließen, dem es besser gelingt, sowohl die relevanten Intuitionen in ein Gleichgewicht zu bringen als auch überzeugend seine praktischen Ziele zu verteidigen. Für den Liberalismus wird die Herausforderung darin bestehen, eine deutliche Grenze zwischen bloß idealisierender Rechtfertigung (für die er eintritt) und abstrahierender Rechtfertigung (für die der liberale Perfektionismus argumentiert) zu ziehen. Denn wenn die Rationalitätsanforderungen, denen die Bürger*innen entsprechen müssen, damit ihr Überzeugungsset als passend bereinigt gelten kann, zu anspruchsvoll werden, drohen diese beiden Positionen ineinander überzugehen. Im Gegensatz dazu muss der liberale Perfektionismus erklären, warum wir uns einem Rechtfertigungsverständnis anschließen sollten, dem es an praktischer Relevanz mangelt (vgl. Bratu 2014: Kapitel 2.3). Denn der liberale Perfektionismus muss eingestehen, dass die Rechtfertigung eines Gesetzesvorhabens im abstrahierenden Sinne bei den Bürger*innen unter Umständen keinerlei Einsicht hervorbringt. Worin besteht dann aber für die Bürger*innen noch der Unterschied zwischen einem legitimen, d.h. gerechtfertigten Gesetzesvorhaben und reiner staatlicher Willkür?

Die Auseinandersetzung mit dem Libertarismus wird dagegen anders erfolgen müssen. Dessen Kritikpunkt war letztlich, der Liberalismus nehme optimistischerweise an, dass sozialstaatliche Maßnahmen vor allen Bürger*innen rechtfertigbar sind, obwohl im Hinblick auf diese de facto ein genauso irreduzibler Pluralismus bestehe wie zu Fragen des richtigen Selbstverhältnisses. Weil sowohl Liberale als auch Libertäre den idealisierenden und nicht den abstrahierenden Rechtfertigungsbegriff verwenden, sind beide Lager darauf festgelegt herauszufinden, was die epistemische Ausgangslage innerhalb der Bürgerschaft ist. Ob in puncto Asymmetriethese eher Optimismus oder Pessimismus angebracht ist, lässt sich also nicht bloß durch theoretische Erwägungen klären – hier müssen die Anhänger*innen beider Lager vielmehr politische Erkundungsarbeit leisten.

5.4 Sinnvolle normative Grundannahme? Kommunitaristische und perfektionistische Einwände

Die letzte Kritik am Liberalismus, die wir hier betrachten wollen, ist in gewisser Weise die grundlegendste. Denn sie richtet sich direkt gegen die normative Grundannahme des Liberalismus, d.h. gegen das Recht auf Freiheit als Kriterium staatlicher Legitimität. Verschiedene philosophische Traditionen zweifeln nämlich an, dass wir die Legitimität staatlicher Handlungen (überhaupt oder primär) davon abhängig machen sollten, ob sie mit dem Recht auf Freiheit der Bürger*innen vereinbar sind. Dabei kann diese Kritik zwei unterschiedliche Formen annehmen: In ihrer schwächeren Form besagt sie, dass dem Recht auf Freiheit für die Frage staatlicher Legitimität zwar eine Rolle unter anderen, aber eben nicht die entscheidende Rolle zukomme, die ihm der Liberalismus einräumt. So verstanden ist es zwar wünschenswert, wenn staatliche Handlungen wie Gesetzesvorhaben mit der Freiheit der Bürger*innen vereinbar sind, aber vorrangig ist letztlich, dass sie andere Werte oder Normen umsetzen (welche dies sein können, erörtern wir unten anhand eines Beispiels). Tut ein konkretes Gesetzesvorhaben Letzteres, wird es dadurch, dass es gegen die Freiheit einiger oder aller Bürger*innen verstößt, nicht illegitim. In ihrer stärkeren Form besagt diese Kritik dagegen, dass das Recht auf Freiheit für die Frage staatlicher Legitimität kein relevantes Kriterium darstellt. Ob ein Gesetzesvorhaben das Recht auf Freiheit der Bürger*innen respektiert oder nicht, ist dieser Kritik zufolge für seine Legitimität irrelevant.

Im Laufe der Auseinandersetzung mit dem Liberalismus im 20. Jahrhundert wurde diese freiheitskritische Haltung insbesondere von zwei Theorieströmungen vertreten (wobei diese jeweils sehr unterschiedliche Ansätze in sich vereinigen), nämlich vom *Kommunitarismus* und vom *Perfektionismus*. Für Ersteren ist kennzeichnend, dass die Werte, von denen die Legitimität staatlicher Handlungen abhängen soll, etwas mit Gemeinschaft zu tun haben. D.h., für den Kommunitarismus ist ein Staat legitim, wenn er durch sein Handeln entweder den Wert der Gemeinschaftlichkeit an sich oder aber die Werte und Normen befördert, die für eine konkrete Gemeinschaft wichtig sind. Der Perfektionismus behauptet dagegen (wie in Kapitel 5.3 bereits angedeutet), dass der Staat seine Bürger*innen dabei unterstützen sollte, ein gutes Leben zu führen. Mit den Worten von Steven Wall: Der

Staat »should take an active role in creating and maintaining social conditions that best enable their subjects to lead good lives« (Wall 2009 100).[12] Einige kommunitaristische Ansätze (wie etwa MacIntyre 1981) können dabei auch als Sonderfälle des Perfektionismus angesehen werden, da die gemeinschaftlichen Werte und Normen, für die sie plädieren, insbesondere in einer Auffassung zum richtigen Selbstverhältnis bestehen.

Wir hatten bereits angedeutet, dass Kommunitarismus und Perfektionismus zwei Strömungen sind, die sehr unterschiedliche Ansätze in sich vereinigen. Tatsächlich verbindet die verschiedenen Ansätze oft nur ihre Ablehnung des Rechts auf Freiheit als entscheidendes Kriterium für staatliche Legitimität – jenseits dieser Gemeinsamkeit können verschiedene kommunitaristische und perfektionistische Ansätze für sehr unterschiedliche Staatsentwürfe stehen. Ein klassischer perfektionistischer Ansatz ist beispielsweise Aristoteles' *Nikomachische Ethik*, in der dieser für einen Staat plädiert, welcher seiner Bürgerschaft (die für Aristoteles kurzsichtigerweise nur freie Männer umfasst) dabei hilft, die für sie angemessenen Handlungs- und intellektuellen Tugenden zu entwickeln. Diese umfassen bei Aristoteles u.a. Gerechtigkeit und Freundschaft (als wichtige Handlungstugenden, vgl. Aristoteles: Bücher 5 und 8) sowie praktische Urteilskraft (als wichtige intellektuelle Tugend, vgl. Aristoteles: Buch 6, Kapitel 5). Doch ebenso könnte es als perfektionistischer Ansatz gelten, wenn eine Autor*in dafür argumentieren würde, dass das richtige Selbstverhältnis in Wettkampf und Selbstbehauptung besteht und folglich der Staat in seinen Bürger*innen Streitlust und Sturheit befördern sollte. Wie plausibel ein konkreter perfektionistischer bzw. kommunitaristischer Ansatz ist, hängt also letztlich davon ab, für welche Normen und Werte er als Kriterium staatlicher Legitimität eintritt. Eine pauschale Auseinandersetzung mit Kommunitarismus oder Perfektionismus ist demnach kaum möglich, vielmehr müssen die konkreten Ansätze einzeln betrachtet werden. Da wir hier aber nicht alle kommunitaristischen oder perfektionistischen Ansätze darstellen können, wollen wir uns auf einen konkreten Vorschlag konzentrieren, den Charles Taylor vorbringt. Taylor will dafür argumentieren, dass der Liberalismus durch das Recht auf Freiheit zur Exklusion gesellschaftlich bereits marginalisierter kultureller Minderheiten beiträgt – was es ihm zufolge zu vermeiden gilt. Weil wir Taylors Intuition teilen, dass soziale Exklusion problematisch ist, wählen wir mit Taylors Ansatz also ein Herangehen, das in unseren Augen (zumindest auf den ersten Blick) einen plausiblen Gegenentwurf zum Liberalismus darstellt. Betrachten wir diesen Ansatz nun ein wenig genauer.

In *Multikulturalismus* behauptet Taylor, dass eine bestimmte Form des Liberalismus gesellschaftliche Diversität erschwert und auf kulturelle Minderheiten Druck ausübt, sich der Mehrheitsgesellschaft anzupassen (vgl. Taylor 1992: 55). Dieses Problem verdeutlicht Taylor am Beispiel der Frankophonie in Quebec, d.h. der französischen Sprachgemeinschaft in einem Teil Kanadas. Seit den 1970er Jahren gilt in Quebec die sogenannte »Charta der französischen Sprache«, die die Frankophonie schützen soll. Dieses Gesetz verbietet beispielsweise französischsprachigen Eltern sowie Einwander*innen, ihre Kinder auf englischsprachige Schulen zu schicken, und schreibt fest, dass Betriebe ab einer bestimmten Anzahl von Mitarbeiter*innen auf Französisch geführt werden müssen. Erlassen wurde diese Regelung, weil viele Eltern in der Verbreitung der englischen Sprache sowohl in Kanada als auch weltweit einen Anreiz dafür sahen, ihre Kinder auf englischsprachige Schulen zu schicken, so dass die Frankophonie bedroht war. Zweck der Charta ist also, eine Sprache und indirekt eine Gemeinschaft zu schützen, die ohne diese besondere Regel dem Untergang geweiht wäre (vgl. Taylor 1992:

56). Allgemeiner gesprochen besteht die Gefahr, dass das Recht auf Freiheit in Gesellschaften, die eine Mehrheits- und eine oder mehrere Minderheitskulturen in sich vereinen, kulturelle Diversität erschwert. Denn die Minderheiten haben oft Grund, sich an die Mehrheit anzupassen – und sei es nur, um nicht mehr aufzufallen. Werden keine Regelungen getroffen, die diese Anpassung verhindern, führt dies letztlich zu kultureller Homogenität.

Taylor zufolge ist der Verlust kultureller Diversität bedauerlich, weil dadurch u.a. intrinsisch wertvolle Lebensformen verloren gehen. Diese gilt es zu schützen, und wenn dafür das Recht auf Freiheit als Kriterium staatlicher Legitimität eingeschränkt werden muss, ist dies für ihn akzeptabel. Dabei behauptet Taylor nicht, dass der Freiheit der Bürger*innen überhaupt keine normative Relevanz zukäme. Bestimmte konkrete Freiheitsrechte – wie z.B. das Recht auf ein faires Gerichtsverfahren (vgl. Taylor 1992: 56) – dürfe der Staat niemals außer Kraft setzen. Aber wenn dadurch, dass Eltern die Möglichkeit genommen wird, darüber zu bestimmen, welche Schule ihre Kinder besuchen, kulturelle Diversität befördert werden kann, sei das legitim, d.h. in diesem Fall überwiege der Wert kultureller Diversität gegenüber dem Recht auf Freiheit der Bürger*innen. Weil die Freiheit der Bürger*innen für Taylor nach wie vor eine gewisse normative Relevanz besitzt, kann man ihn der schwachen perfektionistischen Kritik zuordnen. Doch daran, dass sein Vorschlag zum Schutz kultureller Diversität letztlich eine Kritik am Liberalismus ist, besteht kein Zweifel. Denn es ist anzunehmen, dass der Rechteliberalismus Eltern das konkrete Recht zuspricht, die Erziehung ihrer Kinder maßgeblich zu bestimmen (wie dies etwa Artikel 6, Absatz 2 des deutschen Grundgesetzes tut), bzw. dass ein Gesetzesentwurf, der Eltern diese Möglichkeit abspricht, nicht vor den Bürger*innen rechtfertigbar wäre. Taylor plädiert also dafür, dass das Recht auf Freiheit nicht immer das ausschlaggebende Kriterium für staatliche Legitimität ist.

Wie soll der Liberalismus auf diesen Einwand reagieren? Taylors Kritik zeigt, dass die Festlegung auf das Recht auf Freiheit als normative Grundannahme auch mit Kosten verbunden ist. Denn zweifellos ist es bedauerlich, wenn kulturelle Diversität verloren geht. Um diese Kosten zu rechtfertigen, muss der Liberalismus eine umfassende Verteidigung seiner normativen Grundannahme vorlegen. Wie wir in Kapitel 3.2 deutlich gemacht haben, sind nicht alle Formen des Liberalismus hierzu gleichermaßen in der Lage. Ansätze wie derjenige Rawls', die dem politischen Liberalismus zugehören, lehnen es ab, das Recht auf Freiheit weiter zu begründen, um so die implizite Festlegung auf eine Theorie des richtigen Selbstverhältnisses zu vermeiden. D.h., Ansätze dieser Art können auf die kommunitaristische bzw. perfektionistische Kritik nur mit der Hoffnung antworten, dass die Bürger*innen das Recht auf Freiheit als Kriterium staatlicher Legitimität nicht anzweifeln werden. Ansätze, die dem perfektionistischen Liberalismus zuzuordnen sind, haben hier mehr intellektuelle Ressourcen. Denn sie können den herausgehobenen Status des Rechts auf Freiheit rechtfertigen, indem sie auf die wichtigen Werte verweisen, die dadurch, dass gerade dieses Recht das Kriterium staatlicher Legitimität ausmacht, verwirklicht werden können.

Anhänger*innen des Rechtfertigungsliberalismus steht eine weitere Strategie offen, um auf Einwände wie denjenigen Taylors zu reagieren. Denn sie können darauf hinweisen, dass erst gezeigt werden muss, dass der Schutz kultureller Diversität (oder anderer Werte) nicht mit dem Liberalismus vereinbar ist. Zwar sind Eingriffe in die Erziehungsmöglichkeiten der Eltern sicherlich nicht vor allen Bürger*innen rechtfertigbar, aber stattdessen könnte der Staat positive Anreize setzen, damit Eltern ihren Kindern eine bestimmte kulturelle Prägung vermitteln. So könnte es z.B. staatlich geförderte Kindertagesstätten geben, in denen – um bei Taylors Beispiel zu bleiben – Minderheitensprachen unterrichtet werden. Wenn Taylor recht damit hat, dass kulturelle Diversität einen Wert an sich darstellt, sollten Gesetzesvorhaben, die durch positive Anreize auf deren Förderung hinwirken, vor allen Bürger*innen rechtfertigbar und dadurch mit dem Recht auf Freiheit als ausschlaggebendem Kriterium staatlicher Legitimität vereinbar sein.

6. Liberalismus international: Das Recht auf globale Bewegungsfreiheit

Bisher haben wir den Liberalismus als eine Theorie kennengelernt, die sich auf Einzelstaaten (genauer gesagt: die Legitimität der Handlungen von Einzelstaaten) bezieht. In diesem letzten Kapitel wollen wir nun die Perspektive erweitern und diskutieren, wie sich die skizzierten liberalen Ideen auf den internationalen Raum übertragen lassen. Dieser Perspektivwechsel ist nicht neu. Schon Kant denkt 1795 im *Ewigen Frieden* über die gerechte Strukturierung des internationalen Staatensystems nach. Und bereits kurz nach dem Erscheinen von Rawls' *Theorie der Gerechtigkeit* begannen Philosoph*innen, dessen Überlegungen auf die internationale Staatengemeinschaft anzuwenden. Angestoßen von Charles Beitz (vgl. Beitz 1979) und weitergeführt u.a. von Thomas Pogge (vgl. Pogge 1989 und 2002) entwickelte sich rasch eine umfangreiche Debatte über die internationale Anwendung des Rawls'schen Differenzprinzips. Seither wird unter dem Stichwort *Globale Gerechtigkeit* diskutiert, ob und mit wie viel Engagement reiche Staaten die internationalen ökonomischen Ungleichheiten und die Weltarmut bekämpfen müssen (vgl. Ladwig 2011, Hahn 2009 und Heilinger 2016).

Eine weitere Frage, die bisher weniger Aufmerksamkeit auf sich gezogen hat, ist die nach einem *Recht auf Migration bzw. globaler Bewegungsfreiheit.* Diese Frage war immer schon wichtig, doch wegen des seit 2011 in Syrien herrschenden Bürgerkriegs und der dadurch steigenden Flüchtlingszahlen ist ihr Stellenwert in den letzten Jahren besonders deutlich geworden. Wenn in der breiten Öffentlichkeit über Migrations- oder Flüchtlingspolitik diskutiert wird, geht es meist darum, wie viele Migrant*innen oder Flüchtlinge westliche Demokratien aufnehmen können, sollen oder müssen. Dabei wird schlicht vorausgesetzt, dass Staaten grundsätzlich das Recht dazu haben, Einwanderung nach ihren eigenen Vorstellungen zu gestalten (vgl. Cassee 2016: 423). Interessanterweise machen sich auch viele liberale Philosoph*innen diese Annahme zu eigen (vgl. Nida-Rümelin 2017). Doch auf den ersten Blick muss dies verwundern, denn zumindest im innerstaatlichen Rahmen zählt das Recht auf Bewegungsfreiheit zu den liberalen Grundrechten. Im deutschen Grundgesetz wird dieses Recht etwa in Artikel 11, Absatz 1 festgehalten. Wie kann es also sein, dass der Liberalismus den Bürger*innen innerhalb eines Staates Freizügigkeit gewährt, die Freizügigkeit über Staatsgrenzen hinweg aber einschränken will?

Dieser Frage wollen wir uns im Folgenden zuwenden. Genauer gesagt wollen wir darstellen, wie sich aus der normativen Grundannahme des Liberalismus ein Argument für globale Bewegungsfreiheit ableiten lässt. Konkret lässt sich das mithilfe von Rawls' Urzustandsszenario illustrieren, wie Joseph Carens bereits früh gezeigt hat (6.1). Im Anschluss wollen wir Einwände gegen diese Überlegung diskutieren, und zwar sowohl solche, die die normative Grundannahme des Liberalismus als argumentative Basis akzeptieren (6.2), als auch solche, die das Recht auf Freiheit nicht als ausschlaggebend betrachten (6.3). Auf die Frage, ob der Liberalismus auf Maßnahmen zur globalen Umverteilung von Wohlstand festgelegt, d.h. ob z.B. das Rawls'sche Differenzprinzip global statt national anzuwenden ist, werden wir dagegen aus Platzgründen nicht weiter eingehen.

6.1 Das Recht auf globale Bewegungsfreiheit

Wie wir in den vorangegangenen Kapiteln dargelegt haben, besagt die normative Grundannahme des Liberalismus, dass den Bürger*innen eines Staates das Recht auf Freiheit zukommt. In Kapitel 3.1 haben wir deutlich gemacht, dass diese Grundannahme entweder im Stile des Rechte- oder des Rechtfertigungsliberalismus ausbuchstabiert werden muss. Ohne Zweifel wird für beide Varianten des Liberalismus das Recht auf Freiheit u.a. das Recht der Bürger*innen auf innerstaatliche Bewegungsfreiheit implizieren. Denn den Bürger*innen diese zu nehmen würde sie wertvoller Handlungsmöglichkeiten berauben, wie das folgende Beispiel zeigt. Nehmen wir an, im mittlerweile von der Diktatorin befreiten Staat S möchte eine Bürgerin A ein Informatikstudium aufnehmen. A kommt aus einer Kleinstadt und möchte zum Studium umziehen, am besten in die Hauptstadt von S, weil die dortigen Universitäten einen sehr guten Ruf haben. Doch kurz nachdem sie sich für einen Studienplatz in der Hauptstadt beworben hat, bekommt A einen Brief aus dem Rathaus ihrer Heimatstadt. Die örtliche Behörde weist A darauf hin, dass ihr Bundesland ein Programm zur Förderung von Frauen in den Natur- und Ingenieurswissenschaften lanciert habe und dass A deswegen nicht in die Hauptstadt ziehen dürfe, sondern für ihr Studium in ihrem Bundesland bleiben und an dem Programm teilnehmen müsse. Mit ihrem Förderprogramm verfolgt die Landesbehörde kein moralisch anstößiges Ziel, denn Engagement für mehr Geschlechtergerechtigkeit ist erlaubt (und lobenswert). Trotzdem erscheint dieses Vorgehen illegitim, weil A dadurch wertvolle Handlungsmöglichkeiten genommen werden, wie etwa an einer renommierten Universität zu studieren oder selbst den Verlauf ihrer akademischen Ausbildung zu bestimmen. Würde A versuchen, gegen den Beschluss ihres Bundeslandes vorzugehen, erschiene uns das intuitiv gerechtfertigt, und zwar weil A das Recht auf Freiheit hat. Innerstaatliche Bewegungsfreiheit gehört also offensichtlich zum Recht auf Freiheit – eine Intuition, die nicht nur vom Grundgesetz der Bundesrepublik gestützt wird, sondern auch von der Allgemeinen Erklärung der Menschenrechte. Diese verleiht dem Recht auf innerstaatliche Bewegungsfreiheit in Artikel 13, Absatz 1 den Status eines Menschenrechts: »(1) Jeder hat das Recht, sich innerhalb eines Staates frei zu bewegen und seinen Aufenthaltsort frei zu wählen.«

Wie das Beispiel gezeigt hat, betrachten wir das Recht auf innerstaatliche Bewegungsfreiheit intuitiv als eine Implikation des Rechts auf Freiheit. D.h., den Bürger*innen von S kommt das Recht auf innerstaatliche Bewegungsfreiheit deswegen zu, weil sie grundsätzlich das Recht auf Freiheit haben. Ausgehend von diesem allgemeinen Recht müssen alle menschengemachten Hindernisse auf ihre Legitimität geprüft werden. Doch geschlossene Staatsgrenzen stellen einen paradigmatischen Fall von menschengemachten Hindernissen dar. Denn geschlossene Staatsgrenzen können Personen an wertvollen Handlungen hindern: Was passiert, wenn A zum Studieren nicht in die Hauptstadt von S, sondern in die Hauptstadt eines anderen Staates ziehen wollte? Wenn As Bundesland nicht das Recht hat, A daran zu hindern, an einem Ort ihrer Wahl zu studieren, warum sollte dann die Bundesregierung von S dieses Recht haben und A die Ausreise in ein anderes Land unmöglich machen dürfen? Und ebenso können wir fragen, warum die Regierungen anderer Länder das Recht haben sollten, A die Einreise unmöglich zu machen. Denn A kommt ja nicht nur das Recht auf Freiheit in S zu, sondern das Recht auf Freiheit ohne weitere Spezifizierungen oder Zusätze.[13] Auf den ersten Blick scheint es also, als ließe sich aus der normativen Grundannahme des Liberalismus ohne Weiteres ein Recht auf globale Bewegungsfreiheit ableiten.[14] Dementsprechend wären Staaten dem Liberalismus zufolge dazu verpflichtet, ihre Grenzen offen zu halten.

Bisher waren unsere Ausführungen zum Recht auf globale Bewegungsfreiheit eher intuitiv. Für eine systematische Auseinandersetzung wollen wir nun die Überlegungen von Joseph Carens heranziehen, der sich derselben Frage vor dem Hintergrund von Rawls' Liberalismus widmet. In seinem 1987 veröffentlichten Artikel *Aliens and Citizens. The Case for Open Borders* kommt Carens zu dem Schluss, dass »Grenzen grundsätzlich offen und Menschen normalerweise frei sein sollten, ihr Herkunftsland zu verlassen und sich in einem anderen Land niederzulassen« (Carens 1987: 24). Um zu diesem Schluss zu gelangen, übernimmt Carens Rawls' vertragstheoretisches Urzustandsszenario. Doch Carens bricht mit Rawls' Annahme, dass das Urzustandsszenario nur dafür geeignet sei, die Legitimität staatlichen Handelns zu überprüfen, sofern es sich auf *innerstaatliche* Sachverhalte bezieht. Carens zufolge bietet sich Rawls' Vorgehen auch dafür an, »um über Gerechtigkeit *zwischen verschiedenen Gesellschaften* nachzudenken« (Carens 1987: 28, unsere Hervorhebung). Damit unterzieht Carens Rawls' Theorie der Gerechtigkeit als Fairness also einer kosmopolitischen Lesart.[15] Doch was spricht für eine solche Ausweitung von Rawls' Urzustandsszenario? Und wie lässt sich hiermit ein Recht auf globale Bewegungsfreiheit rechtfertigen ? Behandeln wir diese Fragen der Reihe nach.

Warum also sollten wir dazu berechtigt sein, Rawls' Urzustandsszenario auf zwischenstaatliche Sachverhalte wie Migration auszuweiten? Ausgangspunkt von Rawls' Überlegungen ist zum einen das Recht auf Freiheit und damit die Annahme, dass die Bürger*innen eines Staates als Freie ernst genommen werden müssen. Zum anderen geht Rawls davon aus, dass der Staat ein soziales Kooperationsgefüge ist, innerhalb dessen die Bürger*innen zusammenarbeiten und gemeinsam Kooperationsgewinne erwirtschaften (vgl. Rawls 1971: 20). Weil sie zusammenarbeiten und weil sie als Freie ernst genommen werden müssen, müssen institutionelle Arrangements gefunden werden, die die Früchte der Kooperation fair verteilen. Dementsprechend sind wir dazu berechtigt, Rawls' Gerechtigkeitstheorie auf zwischenstaatliche Sachverhalte wie Migration auszuweiten, wenn die folgenden beiden Bedingungen erfüllt sind: Zum einen muss das Recht auf Freiheit allen Menschen zukommen und nicht nur den Mitgliedern liberaler Gesellschaften. Und zum anderen muss auch die internationale Staatengemeinschaft ein soziales Kooperationsgefüge darstellen, innerhalb dessen Personen unterschiedlicher Staatsbürgerschaft zusammenarbeiten und gemeinsam Kooperationsgewinne erwirtschaften. Wie unsere Darstellung in Kapitel 2 deutlich gemacht haben sollte, ist die erste Bedingung für den Liberalismus trivialerweise erfüllt. Denn nichts von dem, was wir über das Recht auf Freiheit gesagt haben, legt nahe, dass dieses nur bestimmten Personen zukommt. Das Recht auf Freiheit wird vom Liberalismus nicht kulturalistisch auf den europäisch geprägten Raum beschränkt, sondern ist gewissermaßen das Geburtsrecht aller Menschen. Kommen wir daher zur zweiten Bedingung und also zu der Frage, ob die internationale Staatengemeinschaft ein soziales Kooperationsgefüge ist. Carens und seine Mitstreiter*innen wie Beitz und Pogge betonen, dass viele Phänomene – wie etwa ein über Landesgrenzen hinweg verflochtenes Wirtschaftssystem zum Austausch von Waren und Kapital – dafür sprechen, Nationalstaaten nicht als abgeschlossene Systeme zu betrachten (vgl. Carens 1987: 29 und Beitz 1979: 132). Vielmehr handelt es sich um offene und miteinander verflochtene Systeme, die komplexe Kooperationsgefüge bilden. Damit ist auch die zweite Bedingung erfüllt und insgesamt gezeigt, dass wir – wie Carens behauptet – berechtigt sind, Rawls' Urzustandsszenario auch auf zwischenstaatliche Sachverhalte auszuweiten.

Kommen wir damit zur zweiten Frage, ob sich aus der Anwendung von Rawls' Szenario ein Argument für ein Recht auf globale Bewegungsfreiheit entwickeln lässt. Erinnern wir uns hierfür nochmals an Rawls' Vorgehen: Nach Rawls sind diejenigen institutionellen Arrangements legitim, die die Bürger*innen unter einem Schleier des Nichtwissens selbst wählen würden. Dabei enthält dieser Schleier den Bürger*innen Informationen über ihre persönlichen Lebensumstände, also beispielsweise über ihren sozialen Status, ihre natürlichen Talente, ihre Auffassung vom richtigen Selbstverhältnis sowie über die wirtschaftliche und politische Lage ihres Staates vor. Diese Informationen werden den Bürger*innen vorenthalten, weil sie moralisch irrelevant sind. Denn keine Person verdient es, lediglich aufgrund ihres sozialen Status, ihrer natürlichen Talente, ihrer Religion etc. bessergestellt zu werden. Wären diese (moralisch irrelevanten) Informationen den Bürger*innen bei der Festlegung der institutionellen Arrangements im Urzustand bekannt, würden die Bürger*innen diese jeweils zu ihren Gunsten festschreiben. Carens weist nun darauf hin, dass Geburtsort und Staatsangehörigkeit zu den Eigenschaften gezählt werden müssen, die der Schleier des Nichtwissens den Bürger*innen im Urzustand vorenthält. Denn Geburtsort und Staatsangehörigkeit sind moralisch irrelevant – warum sollte es eine Person verdienen, bessergestellt zu werden, nur weil sie in Paris oder Berlin statt in Dhaka oder Taschkent geboren wurde? Carens zufolge hat die Staatsangehörigkeit massiven Einfluss auf die Chancen und Möglichkeiten, die Personen für die Gestaltung ihres Lebens besitzen (vgl. Carens 1992: 26). Dieser Einfluss sei moralisch betrachtet genauso ungerechtfertigt wie der Einfluss, den feudaler Status auf die Chancen und Möglichkeiten der Menschen im Mittelalter hatte. D.h., genauso wie bei sozialem Status und natürlichem Talent handelt es sich bei Geburtsort und Staatsangehörigkeit um Merkmale, über die die Bürger*innen im Urzustandsszenario nichts wissen dürfen (vgl. Carens 1987: 29 und siehe auch Wilcox 2009: 816).[16]

Zu welchem Ergebnis würden die Bürger*innen nun in diesem modifizierten Urzustandsszenario kommen? Carens zufolge würden sie grundsätzlich die gleichen Gerechtigkeitsprinzipien wählen, die Rawls bereits in seiner *Theorie der Gerechtigkeit* vorgeschlagen hat. Doch solange den verschiedenen Bürger*innen im Urzustand sowohl ihr Geburtsort als auch ihre Staatsangehörigkeit vorenthalten wird, wäre es für sie zudem rational, sich neben innerstaatlicher auch für globale Bewegungsfreiheit auszusprechen:

> »Every reason why one might want to move within a state may also be a reason for moving between states. One might want a job; one might fall in love with someone from another country; one might belong to a religion that has few adherents in one's native state and many in another; one might wish to pursue cultural opportunities that are only available in another land.« (Carens 1992: 27f.)

Fassen wir zusammen: Auf den letzten Seiten haben wir Carens' Argumentation für ein Recht auf globale Bewegungsfreiheit dargestellt. Ausgehend von Rawls' *Theorie der Gerechtigkeit* argumentiert er, dass das Urzustandsszenario ausgeweitet werden müsse, so dass den Bürger*innen bei der Wahl der institutionellen Arrangements auch Informationen über ihren Geburtsort und ihre Staatsbürgerschaft vorenthalten werden. Wäre dies der Fall, würden sich die Bürger*innen aber nicht nur auf ein Recht auf innerstaatliche, sondern auch auf globale Bewegungsfreiheit festlegen. Carens zeigt damit, dass der Liberalismus selbst ein Recht auf globale Bewegungsfreiheit impliziert – eine Überlegung, die wir am Anfang dieses Abschnitts bereits intuitiv hergeleitet hatten.

6.2 Interne Kritik: Die Rolle nicht-idealer Theoriebildung

Nachdem wir im vorherigen Abschnitt dargestellt haben, wie sich ausgehend von der normativen Grundannahme des Liberalismus für ein Recht auf globale Bewegungsfreiheit argumentieren lässt, wollen wir nun zwei prominente Einwände gegen diese Argumentation diskutieren. Der erste Einwand, den wir als interne Kritik bezeichnen, gesteht zu, dass sich ein Recht auf globale Bewegungsfreiheit aus dem Recht auf Freiheit ableiten lässt, macht aber zudem deutlich, dass dies *nur im Rahmen idealer Theoriebildung* der Fall sei. Wenn es um Fragen der Migration geht, müsse man aber den realen politischen Verhältnissen Rechnung tragen, wie etwa der Tatsache, dass Menschen oft ein starkes Sicherheitsbedürfnis bzw. Angst vor Fremden haben oder dass sie sich nicht immer an liberale Grundsätze halten. Berücksichtigt man diese Umstände, löse sich – so die Kritiker*innen – die enge Verbindung zwischen dem Recht auf Freiheit und dem Recht auf globale Bewegungsfreiheit auf. Intern ist dieser Einwand, weil er das Recht auf Freiheit als ausschlaggebende Erwägung für die Legitimität staatlichen Handelns akzeptiert; kritisch ist er, weil er bezweifelt, dass aus dem Recht auf Freiheit ein Recht auf globale Bewegungsfreiheit folgt, wenn man die realen politischen Verhältnisse mit berücksichtigt. Konkret behaupten Vertreter*innen dieses Einwands Folgendes: Auch wenn ein Recht auf globale Bewegungsfreiheit unter idealen Bedingungen aus dem Recht auf Freiheit folge, müsse es unter realen Bedingungen eingeschränkt werden, weil (1) die Masse an einwandernden Menschen zum *Zusammenbruch der öffentlichen Ordnung* führen würde und/oder weil (2) das *Ressentiment der schon ansässigen Bevölkerung* gegenüber den Migrant*innen die Spaltung der Gesellschaft mit sich bringe, was wiederum die öffentliche Ordnung gefährden würde, und/oder weil (3) liberale Staaten das

Recht hätten, Menschen an ihren Grenzen abzuweisen, wenn es sich bei diesen Menschen um *Illiberale* handelt (vgl. Carens 1987, Carens 1992 und Carens 2013).

Beginnen wir mit Version (1) der internen Kritik. Grundsätzlich nimmt diese ihren Ausgang von einer korrekten Beobachtung, nämlich dass es aktuell für sehr viele Menschen auf der Welt gute Gründe gibt, ihre Heimat zu verlassen. Zum einen ist der Reichtum auf der Welt extrem ungleich verteilt, so dass viele Menschen in Armut leben müssen. Zum anderen ist die Missachtung grundlegender Menschenrechte in vielen Staaten leider immer noch eine alltägliche Realität. Wenn den Menschen, die von diesen Problemen betroffen sind, keine Hoffnung auf ein menschenwürdiges Leben in ihren Heimatländern gegeben wird, werden sie den Weg in wohlhabendere Staaten suchen (tatsächlich befinden sich aufgrund zahlreicher Kriege und Bürgerkriege stets viele Menschen auf der Flucht). Und wenn die Menge derjenigen, die Schutz und menschenwürdige Umstände suchen, sehr groß wird, kann dies für die öffentliche Ordnung in den Aufnahmestaaten tatsächlich eine Herausforderung darstellen.

In seiner ersten Auseinandersetzung mit dem Recht auf globale Bewegungsfreiheit hat Carens selbst auf diesen Einwand geantwortet. Genauer gesagt weist Carens darauf hin, dass seine Überlegungen zu einem Recht auf globale Bewegungsfreiheit im »Kontext der idealen Theorie« stattfänden (Carens 1987: 32). Gehe man, wie Carens in seinem Aufsatz, von einer »Welt von gerechten Staaten und einem internationalen Differenzprinzip« aus (Carens 1987: 32), stelle sich dieser Einwand nicht. Denn unter solchen Voraussetzungen – d.h. wenn überall die Menschenrechte eingehalten werden und globale soziale Umverteilungsmaßnahmen stattfinden –, würde es wohl kaum zu massenhafter Migration kommen. Doch so, wie wir die erste Version der internen Kritik rekonstruiert haben, verliert Carens' Antwort ihr argumentatives Gewicht. Denn die Kritiker*innen behaupten ja nicht, dass das Recht auf globale Bewegungsfreiheit auf der Ebene idealer Theoriebildung auf Probleme stößt, sondern eben erst, wenn man von Aspekten der realen politischen Situation nicht mehr abstrahiert, sondern diese ernst nimmt.

Der Hinweis auf ideale Theoriebildung steht Carens als Ausweg also nicht offen. Tatsächlich hat schon Rawls – der ideale Theoriebildung als Methode in der praktischen Philosophie erst hoffähig gemacht hat – betont, dass bei Fragen der Migration die realen politischen Gegebenheiten berücksichtigt werden müssen. Rawls gesteht dies zu, weil er der Ansicht ist, ein Staat könne das Recht auf Freiheit seiner Bürger*innen nur dann wahren, wenn er nicht im Chaos versinkt (vgl. Rawls 1971: 242). Doch wenn die Bewahrung der öffentlichen Ordnung ein notwendiges Mittel für die Wahrung des Rechts auf Freiheit darstellt, sei es für einen liberalen Staat legitim, das Recht auf globale Bewegungsfreiheit einzuschränken und Einwanderungsbeschränkungen vorzunehmen, sofern dieses Recht die öffentliche Ordnung gefährden würde.

Vertreter*innen des Rechts auf globale Bewegungsfreiheit sollten daher stattdessen darauf hinweisen, dass es bislang eine offene Frage ist, ob ein Recht auf globale Bewegungsfreiheit tatsächlich die problematischen Folgen hätte, die seine Kritiker*innen unterstellen. Wie gewichtig diese Version der internen Kritik ist, hängt maßgeblich von den zu erwartenden Folgen des Rechts auf globale Bewegungsfreiheit ab. Solange diese nicht genauer charakterisiert werden, kann diese Kritik also nicht angemessen beurteilt werden. Auch hierauf hat bereits Rawls selbst hingewiesen. Denn Rawls warnt explizit davor, das »Argument der öffentlichen Ordnung auf expansive Weise zu verwenden oder als Entschuldigung für Freiheitsbeschränkungen heranzuziehen, die aus anderen Gründen vorgenommen werden« (Carens 1987: 32 und

Carens 1992: 31). Die hypothetische Möglichkeit einer etwaigen Gefährdung der öffentlichen Ordnung darf nicht als Freifahrtschein für die Beschneidung des Rechts auf Freiheit gebraucht werden. Dieses darf nach Rawls nur dann eingeschränkt werden,

> »wenn vernünftigerweise zu erwarten ist, dass sonst die öffentliche Ordnung beeinträchtigt würde, die die Regierung aufrechterhalten soll. Diese Erwartung muss sich auf Tatsachen und Schlussweisen stützen, die jedermann anerkennen kann. Sie muss sich auf gewöhnliche Beobachtungen und Denkweisen stützen (einschließlich der Methoden der vernünftigen wissenschaftlichen Untersuchung, sofern diese nicht umstritten sind), die allgemein als richtig gelten.« (Rawls 1971: 242 f.)

Vertreter*innen dieser Version der internen Kritik könnten entgegnen, dass doch zumindest ein Effekt eines Rechts auf globale Bewegungsfreiheit bereits abzusehen sei, nämlich ein Rückbau des Wohlfahrtstaats in den Aufnahmestaaten. Denn um die vielen Schutz- und Hilfesuchenden zu unterstützen, müssten hier die Sozialleistungen für die bisherigen Bürger*innen reduziert werden. Diesen Einwand sollte der Liberalismus laut Carens zurückweisen (vgl. Carens 1992: 30). Die Gefährdung des eigenen Wohlstands könne nicht als Grund für die Begrenzung von Migration herangezogen werden. Wie soeben dargestellt, ist Letzteres nur dann legitim, wenn anderenfalls die öffentliche Ordnung kollabiert, so dass das Recht auf Freiheit der Bürger*innen nicht mehr gewahrt werden kann. Doch der Abbau von Sozialstandards oder die Erhöhung von Steuern stellen an sich noch keine Gefahr für die öffentliche Ordnung dar. Unter Rückbezug auf Rawls lässt sich dieselbe Überlegung folgendermaßen darstellen: Rawls argumentiert in seiner *Theorie der Gerechtigkeit* für die »lexikalische Ordnung« seiner beiden Grundsätze der Gerechtigkeit (vgl. Rawls 1971: 336 f.). Nach diesem Prinzip darf das Recht auf Freiheit nicht eingeschränkt werden, um dadurch mehr sozioökonomische Ressourcen zu erwirtschaften. Würde man das Recht auf Freiheit auf innerstaatliche Bewegungsfreiheit beschränken, um so das Niveau der Sozialstandards in den Aufnahmestaaten konstant zu halten, wäre dies also ein unzulässiges Verrechnen von Freiheit und sozioökonomischen Ressourcen.

Die Angst davor, den eigenen Wohlstand zu verlieren, steht auch im Zusammenhang mit der zweiten Version der internen Kritik (2). Diese wird auch *backlash*-Argument genannt (vgl. Carens 1992: 31). Vertreter*innen dieses Arguments gehen davon aus, dass Ressentiments der bisherigen Bevölkerung eines Staates gegenüber den Migrant*innen zu einer Spaltung der Gesellschaft führen könnten. Aus der politischen Realität sind solche Ressentiments bedauerlicherweise durchaus bekannt: So können ethnische und kulturelle Differenzen für Spannungen sorgen, außerdem vergiften ökonomische Ängste das Klima gegenüber Migrant*innen. Letztere werden von den bisherigen Bürger*innen als Konkurrent*innen auf dem Arbeitsmarkt angesehen, zudem wird gern behauptet, Migrant*innen stellten eine unverhältnismäßige Belastung der Sozialsysteme dar, unter welcher die Bürger*innen zu leiden hätten. All diese Ängste führen zum Erstarken rechter Parteien sowie zu rassistischen Ressentiments, die wiederum den Zusammenhalt der Gesellschaft und somit die liberale Grundordnung gefährden.

Rechtfertigen diese Phänomene eine Einschränkung des Rechts auf globale Bewegungsfreiheit, sofern sich dieses aus dem Recht auf Freiheit ableiten lässt? Carens zufolge ist das *backlash*-Argument nicht stichhaltig (vgl. Carens 1992: 31 f.). Die Ressentiments gegenüber Migrant*innen sind entweder rassistisch motiviert und stehen somit von Anfang an im Widerspruch mit der normativen Grundannahme des Liberalismus, der allen Menschen gleichermaßen das Recht auf Freiheit zuspricht. Oder die Ressentiments fußen auf den bereits diskutierten ökonomischen Ängsten. Doch die Sorge vor ökonomischem Abstieg stellt, wie wir in Auseinandersetzung mit (1) dargestellt haben, keinen Grund dar, um Personen in ihrem Recht auf Freiheit einzuschränken: Zum einen ist erst einmal zu zeigen, dass der ökonomische Abstieg tatsächlich bevorsteht; und selbst wenn dieser tatsächlich erfolgen sollte, sind ökonomische Erwägungen zum anderen grundsätzlich von der falschen Art, um das Recht auf Freiheit außer Kraft zu setzen.

Die letzte Version der internen Kritik betrifft die Einwanderung von sogenannten *illiberalen* Menschen (3). Vertreter*innen dieses Einwands argumentieren, dass liberale Staaten das Recht haben sollten, Menschen mit Einstellungen, die nicht mit dem Liberalismus als Theorie des wechselseitigen Miteinanders kompatibel sind, an der Einwanderung zu hindern. Hinter diesem Einwand steht die Frage, wie eine Gesellschaft, die sich für den Bereich des wechselseitigen Miteinanders auf das Recht auf Freiheit als ausschlaggebenden Grundsatz festgelegt hat, mit Menschen umgehen soll, die diesen Grundsatz nicht akzeptieren. Doch das ist eine allgemeine Frage, die nicht nur im Kontext eines Rechts auf globale Bewegungsfreiheit relevant wird, sondern auch innerhalb einer abgeschlossenen liberalen Gesellschaft. Denn auch innerhalb liberaler Demokratien gibt es zahlreiche Menschen, die sich nicht an die normative Grundannahme des Liberalismus halten. Die klassische Ansicht zum Umgang mit illiberalen Personen innerhalb einer liberalen Gesellschaft ist folgende: Ein liberaler Staat muss das Recht auf Freiheit illiberaler Personen respektieren und diese also tolerieren (vgl. Kapitel 4.1), solange sie keine ernsthafte Gefahr für die liberale Grundordnung darstellen. Dies bedeutet allerdings, dass liberale Staaten nicht das Recht dazu haben, illiberale Personen einzig und allein wegen ihrer illiberalen Ansichten an der Einreise zu hindern (vgl. Carens 1992: 28). Ein präventives Einreiseverbot für illiberale Menschen – d.h. ein Einreiseverbot, dem keine Beweise dafür zugrunde liegen, dass die betreffenden Migrant*innen die öffentliche Ordnung tatsächlich untergraben werden – wäre somit selbst illiberal.

6.3 Externe Kritik: Kollektive Selbstbestimmung als weitere normative Grundannahme

Der zweite prominente Einwand gegen ein Recht auf globale Bewegungsfreiheit nimmt seinen Ausgang nicht von möglichen politischen Schwierigkeiten, die es im Rahmen nicht-idealer Theoriebildung zu berücksichtigen gilt. Stattdessen konstatiert er auf der Ebene idealer Theoriebildung einen grundsätzlichen Konflikt zwischen dem liberalen Recht auf Freiheit und einem *Recht auf kollektive Selbstbestimmung*. Oben hatten wir dargelegt, dass zumindest im Rahmen idealer Theoriebildung das Recht auf Freiheit ein Recht auf globale Bewegungsfreiheit impliziert, sofern es allen Menschen gleichermaßen zukommt. Dieses Recht auf globale Bewegungsfreiheit kann nun auch als Pflicht an die bestehenden Staaten verstanden werden (vgl. 2.2). Denn die Staaten müssen Migrant*innen, eben weil diese das Recht auf globale Bewegungsfreiheit haben, die Einreise ermöglichen. Ein Recht auf kollektive Selbstbestimmung besagt dagegen, dass die Bürger*innen eines beliebigen Staates S bei der Gestaltung der politischen Institutionen und Gesetze von S souverän sind (wobei meist vorausgesetzt wird, dass ihre Mitwirkung an diesem Gestaltungsprozess demokratisch erfolgt). Die Frage, ob ihr Staat S seine Grenzen für Migrant*innen öffnet oder nicht, gehört nun gerade zu denjenigen Angelegenheiten, über welche die Bürger*innen von

S souverän entscheiden dürfen. Und so ergibt sich folgender Konflikt: Das Recht auf Freiheit verpflichtet alle Staaten dazu, ihre Grenzen für Migrant*innen zu öffnen, während es das Recht auf kollektive Selbstbestimmung den Bürger*innen von S erlaubt, selbst über die Durchlässigkeit der Grenzen von S zu entscheiden.

Vertreter*innen dieses Einwands präsentieren verschiedene Versionen, wie das Recht auf kollektive Selbstbestimmung begründet werden kann. Andreas Cassee unterscheidet hier zwischen sogenannten kulturellen und institutionalistischen Ansätzen (vgl. Cassee 2016). Erstere versuchen, das Recht auf Selbstbestimmung auf den Wert der kulturellen, in Nationalstaaten organisierten Gemeinschaft zurückzuführen (1), während Letztere keinen Bezug zu einer bestimmten Kultur herstellen, sondern andere Argumente liefern, warum Staaten bzw. Nationen das Recht zukommen soll, souverän über ihre Einwanderungspolitik zu befinden (2). Betrachten wir diese beiden Versionen des Einwands nacheinander.

Eine Möglichkeit, ausgehend von kulturellen Prämissen für ein Recht auf kollektive Selbstbestimmung zu argumentieren (und also Version 1 des Einwands vorzubringen), stammt aus dem kommunitaristischen Lager. Nach Michael Walzer (vgl. Walzer 1983: Kapitel 2) sind Staaten grundsätzlich mit Clubs vergleichbar. In Clubs dürfen die gegenwärtigen Mitglieder souverän darüber entscheiden, wer künftig Clubmitglied sein darf und wer nicht. Grund hierfür ist, dass nur so die Besonderheiten des jeweiligen Clubs gesichert werden können. Wenn Staaten nun analog zu Clubs zu betrachten sind, dann dürfen auch sie souverän darüber entscheiden, wer Mitglied sein und also einwandern darf und wer nicht. Denn nur so lasse sich die spezifische Gemeinschaft, die geteilte Auffassung vom gemeinsamen Leben sowie die wechselseitige Verbundenheit der Bürger*innen schützen (vgl. Walzer 1983: 42 ff. und auch Carens 1987: 38 ff.). David Miller argumentiert in eine ähnliche Richtung (vgl. Miller 2007 und 2016). Denn auch Miller begründet das Recht auf kollektive Selbstbestimmung sowie die damit verbundene nationale Entscheidungssouveränität zu Fragen der Einwanderung mit dem intrinsischen Wert nationaler Gemeinschaft (vgl. Miller 2016: Kapitel 4).

Im Gegensatz dazu verzichtet die zweite Version des Einwands (2), die sogenannte institutionalistische Kritik, auf kulturelle Bezüge, um für ein Recht auf kollektive Selbstbestimmung zu argumentieren. Die prominenteste Version dieser Kritik stammt von Christopher H. Wellman (vgl. Wellman 2008 und 2011). In einem ersten Schritt setzt Wellman voraus, dass Staaten ein Recht auf Selbstbestimmung haben, sofern sie die Menschenrechte einhalten. In einem zweiten Schritt greift er den kommunitaristischen Vergleich von Staaten mit Clubs auf und schreibt Staaten, genau wie Clubs, Assoziationsfreiheit zu. Diese folgt aus dem Recht auf Selbstbestimmung und berechtigt Staaten dazu, selbständig zu entscheiden, mit wem sie sich vereinigen und mit wem nicht. In einem dritten Schritt argumentiert er, dass Assoziationsfreiheit das Recht impliziert, Beitritts- bzw. Einwanderungswillige abzuweisen. Genau wie ein Sportverein entscheiden darf, wer Mitglied wird und wer nicht, dürfen Staaten festlegen, wer einwandern darf und wer nicht. Das durch Assoziationsfreiheit implizierte Recht auf Ausschluss kommt Staaten Wellman zufolge also grundsätzlich zu und muss nicht kulturell, d.h. unter Verweis auf ein wertvolles und zu schützendes kulturelles Gut begründet werden (vgl. für eine kritische Auseinandersetzung Cassee 2015).

Eine weitere viel diskutierte Spielart von (2) trägt einen libertären Anstrich. Nach dieser Kritik kommt den Bürger*innen das Recht auf kollektive Selbstbestimmung zu, weil die Infrastruktur und die Institutionen ihres Staates das Produkt des Engagements und der Arbeit der bereits ansässigen Bürger*innen darstellen. Weil die Bürger*innen zur Errichtung der staatlichen Infrastrukturen beigetragen hätten, sei der Staat ihr Eigentum, so dass sie – wie bei jedem anderen Eigentum – souverän bestimmen dürften, was mit ihm zu geschehen habe (vgl. Carens 1987: 25 ff.). In jüngerer Vergangenheit hat sich Ryan Pevnick (vgl. Pevnick 2011) mit seinem »associative ownership view« diese Argumentationslinie zu eigen gemacht (für eine kritische Diskussion vgl. Cassee 2015).

All diese Versuche, das Recht auf globale Bewegungsfreiheit durch Verweis auf ein Recht auf kollektive Selbstbestimmung einzuschränken, eint, dass sie den argumentativen Rahmen verlassen, der durch die liberale Grundannahme abgesteckt wurde. Denn alle Kritiker*innen setzen voraus, dass es für die Legitimität staatlichen Handelns nicht ausschlaggebend ist, ob es mit dem Recht auf Freiheit kompatibel ist oder nicht. In denjenigen Fällen, in denen dieses Recht mit dem Recht der Bürger*innen auf kollektive Selbstbestimmung kollidiere, sei Letzteres entscheidend. Weil sie den Rahmen liberaler Theorien verlassen, stellen diese Kritikansätze einen externen Einwand dar. Zwar leiten die verschiedenen Versionen dieses externen Einwands das Recht auf kollektive Selbstbestimmung aus unterschiedlichen Erwägungen ab – etwa indem sie den intrinsischen Wert eines kulturellen Zusammenhangs betonen oder behaupten, dass staatliche Institutionen den Bürger*innen gehören, oder aber indem sie das Recht auf kollektive Selbstbestimmung schlicht setzen. Doch in jedem Fall fallen sie damit hinter die Einsicht des Liberalismus zurück, dass staatliches Handeln, um legitim zu sein, das Recht auf Freiheit ernst nehmen muss. Eine Auseinandersetzung mit diesem Einwand besteht also darin zu zeigen, warum das Recht auf Freiheit notwendige Bedingung für staatliche Legitimität ist – wofür wir in den vorherigen Kapiteln umfassend argumentiert haben.

Anhang

Anmerkungen

1 John Rawls ist ein US-amerikanischer Philosoph des 20. Jahrhunderts, dessen Überlegungen (vgl. insbesondere Rawls 1971) die gegenwärtige Debatte zum Liberalismus maßgeblich geprägt haben. Worin diese bestehen, stellen wir vor allem in Kapitel 3.1 dar.

2 Auf den ersten Blick scheint es so, als würde Jürgen Habermas – dessen Theorie zumindest teilweise als rechtfertigungsliberal gelten kann – Rechtfertigbarkeit im Sinne der de-facto-Lesart verstehen. Denn Habermas fordert, dass wir die Prüfung von Gesetzen »über demokratische Verfahren oder im Kommunikationsnetz politischer Öffentlichkeiten vollziehen« (Habermas 1992: 362). Doch es wäre ein Fehler, Habermas' Ansatz in diesem Sinne zu deuten. Denn auch nach Habermas ist die Rechtfertigbarkeit eines Gesetzes vor den Bürger*innen nur dann legitimitätsstiftend, wenn diese rational sind. D.h., auch nach Habermas sollten wir Rechtfertigbarkeit im Sinne der idealisierenden Lesart verstehen. Dass Habermas realen demokratischen Verfahren dennoch Bedeutung zumisst, liegt daran, dass diese nach Habermas rationalisierende Effekte haben. Nach Habermas erfolgt also die rationale Bereinigung der Überzeugungen der Bürger*innen, welche die idealisierende Lesart fordert, im Rahmen der demokratischen Verständigung über ein Gesetzesvorhaben. Anders ausgedrückt: Demokratische Verfahren übernehmen bei Habermas die rationalisierende Funktion, die der Schleier des Nichtwissens bei Rawls hat. Insofern hängen beide Autoren der idealisierenden Lesart von Rechtfertigbarkeit an. Sowohl Habermas' als auch Rawls' Ansatz stellen wir im Folgenden als Zwischenform dar.

3 Ähnliches behauptet Locke, wenn er für die Notwendigkeit von Toleranz plädiert, vgl. Locke 1689b sowie Kapitel 4.1.

4 Für einen fokussierten Überblick über Kants praktische Philosophie vgl. Schönwälder 2010: IV.3.

5 Eine andere Bezeichnung für den perfektionistischen Liberalismus ist *umfassender Liberalismus* (comprehensive liberalism, vgl. Waldron 2004).

Diese Namensgebung schließt an Rawls an. Denn diese Form des Liberalismus begründet das Recht auf Freiheit eben dadurch, dass sie auf Annahmen zum richtigen Selbstverhältnis oder – mit Rawls' Begriffen – auf umfassende Lehren zurückgreift (vgl. Rawls 2001: 44).

6 Dass es letztlich das Recht auf Freiheit ist, das für Toleranz spricht, zeichnet sich in Lockes Kritik an Katholik*innen und Atheist*innen ab (auch wenn diese Kritik offensichtlich auf falschen Annahmen dazu beruht, was Katholizismus bzw. Atheismus implizieren). Denn nach Locke können diese ja gerade deswegen nicht toleriert werden, weil ihre religiösen Auffassungen die staatliche Ordnung zerstören und damit letztlich die anderen Bürger*innen unzulässig in ihrer Freiheit einschränken.

7 An dieser Stelle klingt es so, als sei Neutralität eine Eigenschaft von Gesetzen und nicht des Staates. Aber erinnern wir uns: Neutralität ist eine Eigenschaft, die der Staat global hat, sofern er sie lokal und das heißt u.a. in seinen Gesetzen an den Tag legt.

8 Gelegentlich wird dieser Ausspruch Carol Hanisch zugeschrieben, vgl. http://www.carolhanisch.org/CHwritings/PIP.html (zuletzt abgerufen am 28. Mai 2017).

9 Weil »Rasse« im Deutschen ein negativ besetzter Begriff ist und weil das Nachdenken über Fragen von (vermeintlich) biologischer Zugehörigkeit bzw. über Rassismus in der deutschsprachigen Philosophie noch nicht weit genug verbreitet ist, um bereits ein eigenständiges Teilgebiet etabliert zu haben, verwenden wir hier den Begriff, der in der englischsprachigen Philosophie gebräuchlich ist.

10 In der deutschen Übersetzung, auf die wir hier verweisen, wurde Nozicks ursprüngliches Beispiel verändert (wohl um es der deutschen Leserschaft näherzubringen). Statt von einem Basketballspieler handelt es nun von einem Fußballspieler.

11 Die zweite Strategie ist dabei nicht völlig unabhängig von der ersten. Denn die Asymmetriethese setzt ja selbst ein bestimmtes Verständnis von Rechtfertigung – nämlich das liberale – voraus. Wenn der liberale Perfektionismus also für eine andere Auffassung von Rechtfertigung plädiert, verändert er dadurch letztlich auch die Asymmetriethese.

12 Eine Unterkategorie des Perfektionismus bildet dabei der *liberale* Perfektionismus, dessen Position im Hinblick auf Rechtfertigung wir in Kapitel 5.3 kurz dargestellt hatten. Für diesen ist kennzeichnend, dass

das Selbstverhältnis, welches der Staat befördern sollte, um den Wert der Autonomie kreist. Wegen der Festlegung auf eine autonomiezentrierte Auffassung vom richtigen Selbstverhältnis argumentiert der perfektionistische Liberalismus daher letztlich oft für einen Staat, der dem des Liberalismus ähnelt, obwohl er die normative Grundannahme des Liberalismus ablehnt.

13 Kritiker*innen eines Rechts auf globale Bewegungsfreiheit haben den Einwand formuliert, dass es einen Unterschied zwischen einem Recht auf Auswanderung und einem Recht auf Einwanderung gebe (siehe z.B. Miller 2005: 51 f.). Wenig verwunderlich, stimmen sie mit Carens überein, dass die Freiheit, ein Land zu verlassen, tatsächlich eine zentrale liberale Grundfreiheit darstelle, schließlich werde das Recht auf Auswanderung selbst in der *Allgemeinen Erklärung der Menschenrechte* explizit als Menschenrecht ausgewiesen. Im Gegensatz dazu stellt das Recht auf Einwanderung kein Menschenrecht dar. Doch was passiert, wenn Menschen zwar das Recht haben, ihr Land zu verlassen, aber kein anderes Land auf der Welt sie aufnehmen will? Wäre das Recht auf Auswanderung nicht praktisch leer, wenn im Hintergrund nicht ein Recht auf Einwanderung bestünde (vgl. Cole 2000)? Hierbei handelt es sich nicht um ein fiktives Szenario. Angesichts der in letzter Zeit deutlich gestiegenen Migrationsbewegungen ist de facto der Fall eingetreten, dass viele Menschen einfach kein Land finden, das bereit ist, sie aufzunehmen. Ein Menschenrecht auf Auswanderung allein bringt diesen Menschen somit wenig.

14 Ein wichtiger Einwand gegen die Annahme, globale Bewegungsfreiheit folge ebenso wie innerstaatliche Bewegungsfreiheit aus dem Recht auf Freiheit, stammt von Miller (vgl. Miller 2005). Miller versteht das »Recht auf Bewegungsfreiheit von vornherein nur als ein Recht auf *genügend* Bewegungsfreiheit« (Cassee 2015: 60). Miller selbst drückt dies wie folgt aus: »Worauf Menschen legitimerweise einen Anspruch erheben können, ist der Zugang zu einem *angemessenen* Angebot an Optionen – eine vernünftige Auswahl hinsichtlich Beruf, Religion, kulturellen Aktivitäten, Ehepartner und so weiter.« (Miller 2005: 51, Hervorhebung im Original) Zudem ist er der Meinung, dass den meisten Menschen bereits in ihrem Heimatland hinreichend viele Optionen offenstehen. Daraus folgert Miller, dass ein Recht auf innerstaatliche Bewegungsfreiheit generell ausreiche, um den Menschen den

Zugang zu einem angemessenen Angebot an Optionen zu gewährleisten. Menschen mögen zwar darüber hinaus ein Interesse an globaler Bewegungsfreiheit haben, ein solches Interesse wiege aber nicht schwer genug, um in ein Recht auf diese überführt zu werden. Für eine kritische Auseinandersetzung mit Millers Position vgl. Cassee 2015.

15 Mit der Forderung nach einer kosmopolitischen Lesart der Rawls'schen Gerechtigkeitstheorie steht Carens nicht allein da. Schon einige Jahre vor der Veröffentlichung von Carens' Aufsatz 1987 haben Barry (vgl. Barry 1973) und Beitz (vgl. Beitz 1979) versucht, Rawls' Theorie in einen »*kosmopolitisches Kontrakt*« umzuarbeiten (Hahn 2009: 105), und kurze Zeit später hat sich ihnen Pogge mit seinem Buch *Realizing Rawls* (vgl. Pogge 1989) angeschlossen. Das Anliegen von Barry, Beitz und Pogge war jedoch nicht die Argumentation für ein Recht auf globale Bewegungsfreiheit, sondern die Anwendung der Rawls'schen Theorie der Gerechtigkeit auf das Problem der Weltarmut. Ihrer Meinung nach ist die Anwendung von Rawls' Differenzprinzip nicht nur auf der nationalen, sondern auch auf der globalen Ebene gerechtfertigt, was die Umverteilung von Reichtum von reichen hin zu armen Staaten mit sich brächte. Rawls selbst hat seine eher zurückhaltenden Gedanken über eine internationale Theorie der Gerechtigkeit erst sehr viel später in *Das Recht der Völker* (1999) niedergeschrieben. Anstatt seine nationale Gerechtigkeitstheorie konsequent auf die internationale Ebene zu übertragen, präsentiert er dort eine aus liberaler Warte deutlich weniger ambitionierte Grundcharta des Rechts der Völker, die weitgehend mit dem bereits geltenden Völkerreicht übereinstimmt. Ganz im Sinne von Kants Schrift *Zum ewigen Frieden* (vgl. Kant 1795), auf die sich Rawls mehrfach explizit bezieht, enthält sein Recht der Völker eine Reihe eher konservativer Regeln, die Staaten auf der internationalen Ebene befolgen müssen, um ihrem Wunsch nach stabilem Frieden und gelungener internationaler Kooperation nachzukommen.

16 Ein Einwand gegen Carens lautet, dass Staatsbürgerschaft zwar eine moralisch willkürliche Eigenschaft darstelle, dennoch aber moralisch relevant sei. Diese Meinung vertritt z.B. Michael Blake (vgl. Blake 2003). Blake zufolge ist Staatsbürgerschaft moralisch relevant, weil sie festlegt, auf welche Menschen ein Staat (mehr) Zwang ausüben darf. Staaten haben nämlich das Recht, in höherem Maße Zwang auf ihre

Bürger*innen auszuüben als auf Fremde. Diese besondere Zwangsrelation bedarf, so Blake, einer Kompensation. Ebenso wie das Wahlrecht zählt das Recht auf innerstaatliche Bewegungsfreiheit nach Blake zu den Rechten, die Bürger*innen nur deshalb zukommen, um sie für die beschriebene Zwangsrelation zum Staat zu kompensieren. Bei Blake erhält das Recht auf innerstaatliche Bewegungsfreiheit damit eine genuin politische Dimension und wird nicht, wie bei Carens, aus einem menschlichen Interesse an einer selbstbestimmten Lebensführung abgeleitet. Daraus folgt nach Blake, dass Staaten ausländischen Menschen die Einreise verwehren können, ohne dadurch dem moralischen Ideal der Gleichbehandlung aller Menschen zu widersprechen.

Literaturverzeichnis

Allen, Anita, Unpopular Privacy? What Must We Hide, Oxford 2011.

Aristoteles, Nikomachische Ethik. Auf der Grundlage der Übersetzung von Eugen Rolfes herausgegeben von Günther Bien, Hamburg 1985.

Barry, Brian, The Liberal Theory of Justice, Oxford 1973.

Bartky, Sandra Lee, Sympathy and Solidarity and Other Essays, Lanham 2002.

Beitz, Charles (1979), Political Theory and International Relations, Princeton 1999.

Benn, Stanley, A Theory of Freedom, Cambridge 1988.

Berlin, Isaiah (1969), Freiheit. Vier Versuche, Frankfurt/M. 2006.

Biebricher, Thomas, Neoliberalismus zur Einführung, Hamburg 2012.

Blake, Michael, Immigration, in: R. G. Frey/Christopher H. Wellman (Hg.), A Companion to Applied Ethics, Malden/MA 2003, S. 224–237.

Bratu, Christine, Die Grenzen staatlicher Legitimität. Eine philosophische Untersuchung zum Verhältnis von Liberalismus und Perfektionismus, Münster 2014.

Bratu, Christine, Liberale Neutralität, in: Zeitschrift für politische Theorie, 1, 2015, S. 55–74.

Burgess, Alexis/Plunkett, David, Conceptual Ethics I, in: Philosophy Compass, 12, 2013, S. 1097–1101.

Carens, Joseph (1987), Fremde und Bürger: Weshalb Grenzen offen sein sollten, in: Andreas Cassee/Anna Goppel (Hg.), Migration und Ethik, Münster 2012, S. 23–46.

Carens, Joseph, Migration and Morality: A Liberal Egalitarian Perspective, in: Brian Barry/Robert E. Goodin (Hg.), Free Movement. Ethical Issues in the Transnational Migration of People and of Money, Pennsylvania 1992, S. 25–47.

Carens, Joseph, The Ethics of Immigration, Oxford 2013.

Carter, Ian/Kramer, Matthew H./Steiner, Hillel, General Introduction, in: Ian Carter/Matthew Kramer/Hillel Steiner (Hg.), Freedom. A Philosophical Anthology, Malden/MA 2007, S. xvii–xxi.

Cassee, Andreas, Das Recht auf globale Bewegungsfreiheit: Eine Verteidigung, in: Archiv für Rechts- und Sozialphilosophie, Beiheft 141, 2015, S. 55–77.

Cassee, Andreas, Migration, in: Anna Goppel/Corinna Mieth/Christian Neuhäuser (Hg.), Handbuch Gerechtigkeit, Stuttgart 2016, S. 423–428.

Cohen, Gerald A., Why Not Socialism?, Princeton 2009.

Colburn, Ben, Autonomy and Liberalism, New York 2010.

Cole, Phillip, Philosophies of Exclusion. Liberal Political Theory and Immigration, Edinburgh 2000.

Euchner, Walter, John Locke zur Einführung, Hamburg 2011.

Flügel-Martinsen, Oliver, Privatheit zwischen Moral und Politik. Konturen und Konsequenzen eines Spannungsverhältnisses, in: Sandra Seubert/Peter Niesen (Hg.), Die Grenzen des Privaten, Baden-Baden 2010, S. 59–72.

Forst, Rainer, Toleranz im Konflikt. Geschichte, Gehalt und Gegenwart eines umstrittenen Begriffs, Frankfurt/M. 2003.

Forst, Rainer, Das Recht auf Rechtfertigung: Elemente einer konstruktivistischen Theorie der Gerechtigkeit, Frankfurt/M. 2007.

Galeotti, Anna E., Zu einer Neubegründung liberaler Toleranz. Eine Analyse der Affair du Foulard, in: Rainer Forst (Hg.), Toleranz, Frankfurt/M. 2000, S. 231–256.

Gaus, Gerald F., Justificatory Liberalism. An Essay on Epistemology and Political Theory, Oxford 1996.

Gaus, Gerald F., The Moral Foundations of Liberal Neutrality, in: Thomas Christiano/John Christman (Hg.), Contemporary Debates in Political Philosophy, Malden/MA 2009, S. 81–98.

Gaus, Gerald F., Coercion, Ownership, and the Redistributive State: Justificatory Liberalism's Classical Tilt, in: Social Philosophy and Policy, 1, 2010, S. 233–275.

Gaus, Gerald F., The Order of Public Reason. A Theory of Freedom and Morality in a Diverse and Bounded World, Cambridge 2011.

Habermas, Jürgen (1991), Vom pragmatischen, ethischen und moralischen Gebrauch der praktischen Vernunft, in: Jürgen Habermas (Hg.), Erläuterungen zur Diskursethik, Frankfurt/M. 2006, S. 100–118.
Habermas, Jürgen, Faktizität und Geltung. Beiträge zur Diskurstheorie des Rechts und des demokratischen Rechtsstaates, Frankfurt/M. 1992.
Hahn, Henning, Globale Gerechtigkeit. Eine philosophische Einführung, Frankfurt/M. 2009.
Haslanger, Sally, Resisting Reality. Social Construction and Social Critique, Oxford 2012.
Heilinger, Jan-Christoph, Zwei Konzeptionen globaler Gleichheit, in: Deutsche Zeitschrift für Philosophie, 5, 2016, S. 757–767.
Hobbes, Thomas (1651), Leviathan, Frankfurt/M. 2000.
Hohfeld, Wesley N., Fundamental Legal Conceptions as Applied in Judicial Reasoning and Other Legal Essays, New Haven 1919.
Honneth, Axel, Das Gewebe der Gerechtigkeit. Über die Grenzen des zeitgenössischen Prozeduralismus, in: Axel Honneth, Das Ich im Wir: Studien zur Anerkennungstheorie, Frankfurt/M. 2010, S. 51–77.
Jaggar, Alison, Feminist Politics and Human Nature, Totowa 1983.
Kant, Immanuel (1785), Grundlegung zur Metaphysik der Sitten, in: Kants gesammelte Schriften. Herausgegeben von der Deutschen Akademie der Wissenschaften (ehemals Königlich-Preußische Akademie der Wissenschaften), Bd. 4, Berlin 1902 ff.
Kant, Immanuel (1788), Kritik der praktischen Vernunft, in: Kants gesammelte Schriften. Herausgegeben von der Deutschen Akademie der Wissenschaften (ehemals Königlich-Preußische Akademie der Wissenschaften), Bd. 5, Berlin 1902 ff.
Kant, Immanuel (1793), Über den Gemeinspruch: Das mag in der Theorie richtig sein, taugt aber nicht für die Praxis, in: Kants gesammelte Schriften. Herausgegeben von der Deutschen Akademie der Wissenschaften (ehemals Königlich-Preußische Akademie der Wissenschaften), Bd. 8, Berlin 1902 ff.
Kant, Immanuel (1795), Zum Ewigen Frieden, in: Kants gesammelte Schriften. Herausgegeben von der Deutschen Akademie der Wissenschaften (ehemals Königlich-Preußische Akademie der Wissenschaften), Bd. 8, Berlin 1902 ff.
Kant, Immanuel (1797), Metaphysik der Sitten, in: Kants gesammelte Schriften. Herausgegeben von der Deutschen Akademie der Wissen-

schaften (ehemals Königlich-Preußische Akademie der Wissenschaften), Bd. 6, Berlin 1902 ff.

Kersting, Wolfgang, John Rawls zur Einführung, Hamburg 2015.

Ladwig, Bernd, Gerechtigkeitstheorien zur Einführung, Hamburg 2011.

Locke, John (1689a), Zwei Abhandlungen über die Regierung, Frankfurt/M. 2006.

Locke, John (1689b), Ein Brief über Toleranz. Englisch-Deutsch, Hamburg 1996.

Losurdo, Domenico (2006), Liberalism. A Counter-History, London 2011.

MacIntyre, Alasdair (1981), Der Verlust der Tugend: Zur moralischen Krise der Gegenwart, Frankfurt/M. 1995.

MacKinnon, Catharine, Toward a Feminist Theory of the State, Cambridge 1989.

Marx, Karl/Engels, Friedrich (1845/6), Werke, Bd. 3, Berlin 1978.

Mikkola, Mari, Kant on Moral Agency and Women's Nature, in: Kantian Review, 1, 2011, S. 89–111.

Mill, John Stuart (1859), Über die Freiheit, Stuttgart 2004.

Mill, John Stuart (1869), The Subjection of Women, Philadelphia 2006.

Miller, David, Introduction, in: David Miller (Hg.), Liberty, Oxford 1991, S. 1–20.

Miller, David (2005), Einwanderung: Ein Argument für Beschränkungen, in: Andreas Cassee/Anna Goppel (Hg.), Migration und Ethik, Münster 2012, S. 23–46.

Miller, David, National Responsibility and Global Justice, Oxford 2007.

Miller, David, Strangers in Our Midst. The Political Philosophy of Immigration, Cambridge/MA 2016.

Mills, Charles, Racial Liberalism, in: PMLA, 123, 2008, S. 1380–1397.

Mills, Charles, Rawls on Race/Race in Rawls, in: Southern Journal of Philosophy, XLVII, 2009, S. 161–184.

Mills, Charles, Occupy Liberalism! Or, Ten Reasons Why Liberalism Cannot Be Retrieved For Radicalism (And Why They're All Wrong), in: Radical Philosophy Review, 2, 2012, S. 305–323.

Mills, Charles, Lost in Rawlsland, Interview in der *New York Times* am 16. November 2014, https://opinionator.blogs.nytimes.com/2014/11/16/lost-in-rawlsland/?_r=0 (zuletzt abgerufen 27. Mai 2017).

Mills, Charles, Black Rights/White Wrongs. The Critique of Racial Liberalism, Oxford 2017.

Moller Okin, Susan, Justice, Gender, and the Family, New York 1989.
Mouffe, Chantal (1993), The Return of the Political, London 2005.
Mouffe, Chantal (2005), On The Political, London 2006.
Nida-Rümelin, Julian, Über Grenzen denken. Eine Ethik der Migration, Hamburg 2017.
Nozick, Robert (1974), Anarchie – Staat – Utopia, München 1976.
Nussbaum, Martha, The Feminist Critique of Liberalism. The Lindley Lecture, University of Kansas 1997.
Ottmann, Henning, Geschichte des politischen Denkens, Band 3/1. Die Neuzeit. Von Machiavelli bis zu den großen Revolutionen, Stuttgart 2006.
Pettit, Philip, Freedom as Antipower, in: Ethics, 106, 1996, S. 576–604.
Pettit, Philip, Republicanism. A Theory of Freedom and Government, Oxford 1997.
Pevnick, Ryan, Immigration and the Constraints of Justice. Between Open Borders and Absolute Sovereignty, Cambridge 2011.
Pogge, Thomas, Realizing Rawls, London 1989.
Pogge, Thomas (2002), Weltarmut und Menschenrechte. Kosmopolitische Verantwortung und Reformen, Berlin 2011.
Quong, Jonathan, Liberalism without Perfection, Oxford 2011.
Rawls, John (1971), Eine Theorie der Gerechtigkeit, Frankfurt/M. 2012.
Rawls, John (1993), Politischer Liberalismus, Frankfurt/M. 2003.
Rawls, John (1999), Das Recht der Völker, Berlin 2002.
Rawls, John (2001), Gerechtigkeit als Fairness – Ein Neuentwurf, Frankfurt/M. 2003.
Raz, Joseph, Morality of Freedom, Oxford 1986.
Rössler, Beate, Der Wert des Privaten, Frankfurt/M. 2001.
Rousseau, Jean-Jacques (1762), Vom Gesellschaftsvertrag oder Grundsätze des Staatsrechts, Stuttgart 1998.
Sandel, Michael (1982), Liberalism and the Limits of Justice. Second Edition, Cambridge 2007.
Sandel, Michael, The Procedural Republic and the Unencumbered Self, in: Political Theory, 1, 1984, S. 81–96.
Schaub, Jörg, Rawls' politischer Liberalismus und die Kritik des Privaten, in: Sandra Seubert/Peter Niesen (Hg.), Die Grenzen des Privaten, Baden-Baden 2010, S. 75–87.

Schönwälder-Kuntze, Tatjana, Freiheit als Norm? Moderne Theoriebildung und der Effekt Kantischer Moralphilosophie, Bielefeld 2010.

Seubert, Sandra, Privatheit und Öffentlichkeit heute. Ein Problemaufriss, in: Sandra Seubert/Peter Niesen (Hg.), Die Grenzen des Privaten, Baden-Baden 2010, S. 9–22.

Taylor, Charles (1979), What's Wrong with Negative Liberty?, in: David Miller (Hg.), Liberty, Oxford 1991, S. 141–162.

Taylor, Charles (1992), Multikulturalismus und die Politik der Anerkennung. Mit Kommentaren von Amy Gutmann, Steven C. Rockefeller, Michael Walzer, Susan Wolf und einem Beitrag von Jürgen Habermas, Frankfurt/M. 1993.

Tessman, Lisa (Hg.), Feminist Ethics and Social and Political Philosophy: Theorizing the Non-Ideal, Dordrecht 2009.

Waldron, Jeremy, Liberalism, Political and Comprehensive, in: Gerald Gaus/Chandran Kukathas (Hg.), Handbook of Political Theory, London 2004, S. 89–99.

Wall, Steven, Liberalism, Perfectionism and Restraint, Cambridge 1998.

Wall, Steven, Perfectionism in Politics: A Defense, in: Thomas Christiano/John Christman (Hg.), Contemporary Debates in Political Philosophy, Malden/MA 2009, S. 99–117.

Walzer, Michael (1983), Sphären der Gerechtigkeit. Ein Plädoyer für Pluralität und Gleichheit, Frankfurt/M. 2006.

Wellman, Christopher H., Immigration and freedom of association, in: Ethics, 119/1, 2008, S. 109–141.

Wellman, Christopher H., Freedom of association and the right to exclude, in: Phillip Cole/Christopher H. Wellman (Hg.), Debating the Ethics of Immigration. Is There a Right to Exclude?, Oxford 2011, S. 11–155.

Wendt, Fabian, Libertäre politische Philosophie, Paderborn 2009.

Wilcox, Shelly, The Open Borders Debate on Immigration, Philosophy Compass, 4/5, 2009, S. 813–821.

Zellentin, Alexa, Neutrality as a Twofold Concept, in: Les Ateliers de l'Ethique, 2, 2009, S. 159–171.

Namenregister

Sachregister

Christine Bratu ist akademische Rätin auf Zeit an der philosophischen Fakultät der Ludwig-Maximilians-Universität München und arbeitet an ihrer Habilitationsschrift zum Thema Selbstachtung. Zu ihren Forschungsschwerpunkten zählen Politische Philosophie, Ethik, Feministische Philosophie und Metaethik. Publikationen: *Die Grenzen staatlicher Legitimität. Zum Verhältnis von Liberalismus und Perfektionismus* (2014), »Liberale Neutralität«, in: *Zeitschrift für Politische Theorie* (2015), »The Source of Moral Motivations and Actions We Owe to Others: Kant's Theory of Respect«, in: G. Giorgini/E. Irrera (Hg.): *The Roots of Respect* (2017).

Moritz Dittmeyer promoviert an der philosophischen Fakultät der Ludwig-Maximilians-Universität München zum Begriff und den ethischen Implikationen von *Gamification*. Zu seinen Forschungsschwerpunkten zählen Politische Philosophie, Handlungstheorie, Ethik und Metaethik. Publikationen: »Constitutivism about practical principles: its claims, goals, task and failure« (2016, mit Christine Bratu), in: *Philosophia*, doi: 10.1007/s11406-016-9748-1